Nadine Kammerlander (Herausgeber)

Familienunternehmen im 21. Jahrhundert

Ausgewählte Arbeiten des Instituts für Familienunternehmen

Wissenschaftliche Hochschule für Unternehmensführung (WHU) –
Otto Beisheim School of Management, Vallendar 2016

Herausgeber
Prof. Dr. Nadine Kammerlander
Institut für Familienunternehmen

WHU Publishing – WHU on Family Business
Verlag: tredition GmbH, Hamburg

ISBN
Paperback 978-3-7323-8284-2
Hardcover 978-3-7323-8285-9

Printed in Germany

Vorwort

Deutschland ist ein Land der Familienunternehmer. In den letzten Jahrzehnten haben Familienunternehmen verschiedener Größen, verschiedener Branchen und aus verschiedenen Regionen die deutsche Wirtschaft zu dem gemacht, was sie heute ist. Sie haben Standorte nachhaltig geprägt, Arbeitsplätze geschaffen, Innovationen hervorgebracht und zudem häufig auch noch in gemeinnützige Projekte investiert. Auch bei bestehenden gesellschaftlichen Herausforderungen wie der Integration von Flüchtlingen in den Arbeitsmarkt kommt den Familienunternehmen eine zentrale Rolle zu.

Es ist daher nicht verwunderlich, dass Familienunternehmen in der öffentlichen Wahrnehmung präsent sind und immer präsenter werden: Es gibt den Karrieretag Familienunternehmen, diverse Verbände für Familienunternehmer und immer häufiger beschäftigten sich beispielsweise TV-Sendungen und Zeitungs-Beilagen mit dem Thema „Familienunternehmen". Doch was ist mit der Wissenschaft? Trotz der hohen Bedeutung von Familienunternehmen vernachlässigte die Betriebswirtschaftslehre dieses Thema über eine lange Zeit hinweg. Erst in den letzten etwa fünf bis zehn Jahren wird ein Anstieg der Abschluss- und Doktorarbeiten, die sich speziell mit dem Thema „Familienunternehmen" beschäftigen, verzeichnet. International gesehen wurde vor etwa 30 Jahren die erste wissenschaftliche Zeitschrift für Familienunternehmen (Family Business Review) ins Leben gerufen, vor 15 Jahren die erste wiederkehrende Konferenz für Familienunternehmen (IFERA – International Family Enterprise Research Academy) gestartet und seit etwa zehn Jahren setzt sich die Ansicht durch, dass Forschung zu Familienunternehmen nicht nur praktisch relevant sondern auch methodisch rigoros sein kann und muss und damit einen Platz in der „Top-Forschung" verdient hat.

Trotz dieser Fortschritte sind „Familienunternehmen" in der deutschen Hochschullandschaft noch nicht so verankert, wie wir uns das gerne wünschen würden und wie es das Thema „verdient" hätte. So ist die Anzahl der Professuren, Lehrstühle und Institute in diesem Themenbereich noch sehr überschaubar und leider kommt auch längst nicht jeder Student im Rahmen seines BWL-Studiums mit diesem Thema in Berührung. Wissenschaftliche Arbeiten sind häufig entweder praxisorientiert – oder aber wissenschaftlich „sauber". Um glaubhaft in den Sphären „Praxis", „Wissenschaft" ebenso wie „Politik" und „Beratung" auftreten zu können, benötigt es jedoch beider Seiten: Das Beantworten relevanter Fragestellungen mit wissenschaftlich fundierten Methoden.

Als Institut für Familienunternehmen an einer der führenden privaten Universitäten Deutschlands ist es unsere Aufgabe, die wissenschaftliche Forschung relevanter Themen zu Familienunternehmen führend voranzutreiben. Aber Wissenschaft ohne Dialog ist nutzlos. Wissen, das nur um seiner selbst willen erzeugt wird, hat keinerlei Einfluss oder – neudeutsch – Impact. Um die Umgebung, die Gesellschaft und die Organisationsformen zu verändern benötigt es den Transfer des Wissens zurück aus den Wissenschaften hinein in die Praxis. Aber das soll kein einseitiger Monolog sein – im Gegenteil: Wissenschaft funktioniert dann am besten und bringt die spannendsten Erkenntnisse hervor, wenn Wissenschaft und Praxis sich möglichst intensiv, gerne auch kontrovers, austauschen.

Um diesen Dialog zu fördern möchten wir in diesem Buch denjenigen eine Stimme verleihen, die oftmals viele kreative Ansätze und intelligente Gedanken haben, in der öffentlichen Diskussion aber selten zu Wort kommen: den Studierenden. Im ersten Band der Reihe „WHU on Family

Business“ beschrieb WHU-Student Vincent Rodewyk die Geschichte und aktuelle Debatte zur Erbschaftsteuer und Erbschaftsteuerreform in Deutschland.

Der hier vorliegende Sammelband fasst knapp und präzise die Ergebnisse fünf ausgewählter Abschlussarbeiten am Institut für Familienunternehmen zusammen. Die Studierenden beschäftigten sich dabei mit aktuellen Fragestellungen rund um Familienunternehmen, wie beispielsweise Innovation, Führung und Nachfolge. Für ihre Arbeiten, die alle im Sommer 2016 abgeschlossen wurden, sammelten sie vielfältige Daten aus unterschiedlichen Familienunternehmen – sei es durch Interviews oder Fragebögen. Durch die enge Zusammenarbeit mit dem Institut konnten wir sicherstellen, dass aktuelle Literatur beachtet und die geltenden wissenschaftlichen Standards angewandt wurden. Die Studierenden trugen unter anderem mit ihrer unermüdlichen Neugierde und kreativem Blick auf die Problemstellungen zum Gelingen des Projekts bei. Eingeleitet wird das Buch durch einen umfassenden Überblickartikel, verfasst von den beiden Doktorandinen, Khadija Mubarka und Stephanie Querbach.

Ich würde mich freuen, wenn die Lektüre dieses Buches sie zu neuen Blickwinkeln auf das Thema „Familienunternehmen im 21. Jahrhundert“ anregt. Gerne möchten wir den Dialog zu Familienunternehmen mit Ihnen und den Studierenden fortsetzen: Sei dies im Rahmen der Buchreihe, der jährlich stattfindenden Konferenz „Campus for Family Business“ oder aber bei den vielfältigen weiteren Veranstaltungen des Instituts.

Vallendar, Dezember 2016

Prof. Dr. Nadine Kammerlander
Institut für Familienunternehmen
WHU – Otto Beisheim School of Management

Inhaltsübersicht

Inhaltsverzeichnis

Stephanie Querbach und Khadija Mubarka

1 Familienunternehmen heute

Familienunternehmen sind aufgrund ihrer wirtschaftlichen Leistungsfähigkeit von großer makroökonomischer Bedeutung (Astrachan & Shanker, 2003), da sie, abhängig von ihrer Definition, 70 bis 90 % aller aktiven Unternehmen weltweit ausmachen (Hauuschild & Wolter, 2010; Kraus, Götzen, Filser & Harms, 2011; Sola, Quaglia, Couturier & Pinto, 2012) und 70 bis 90 % des BIP sowie 60 % der Beschäftigungsrate sichern (Flören, 2010). Da Familienunternehmen als das "Rückgrat des Lebens eines Unternehmens" betrachtet und als Grundstein der „sozioökonomischen Entwicklung" gesehen werden (Poutziouris, 2006, S.1), ist es wichtig, dass diese auch langfristig bestehen. Aufgrund der sich rasch wandelnden Umwelt, der technologischen Fortschritte und des verstärkten Wettbewerbs (Kellermanns & Eddleston, 2007, Zahra, 2005) sind Familienunternehmen jedoch mit zahlreichen Herausforderungen konfrontiert. Familienunternehmen begegnen nicht nur im externen Umfeld Bedrohungen, wie bspw. Veränderungen in Bezug auf Wettbewerber, Lieferanten, Kunden (Porter, 1992) oder anderen Trends wie Digitalisierung und Globalisierung. Familienunternehmen stehen auch Herausforderungen entgegen, welche innerhalb des Unternehmens stattfinden. Hierzu zählen z.B. Veränderungen in der organisatorischen Hierarchie, in formalen Strukturen und funktionellen Aktivitäten, die durch bspw. ein Nachfolgeereignis verursacht werden können.

Trotz dieser zahlreichen Herausforderungen gibt es dennoch einige Erfolgsgeschichten von Familienunternehmen, die solche erfolgreich meistern. Da unsere heutige Welt sehr komplex ist und sich vor allem mit hoher Geschwindigkeit ändert, ist es notwendig nachhaltige Erfolgsfaktoren für Familienunternehmen zu betrachten. Dieses Buch besteht aus fünf Artikeln, die verschiedene Herausforderungen und Chancen für Familienunternehmen erforschen, um Komplexitäten zu überkommen.

Dieser einleitende Artikel lehnt sich strukturell an die folgenden Kapiteln des Buches an und geht somit auf fünf Themen ein, die in Abbildung 1 dargestellt sind. Bei allen Themen stehen Innovationen im Vordergrund, denn diese dienen als Schlüsselelement für die Sicherung eines Wettbewerbsvorteils gegenüber anderen Unternehmen im Markt und somit langfristigem Erfolg (Porter, 1990). Zunächst untersuchen wir externe Einflussfaktoren, die nicht nur dazu führen, dass das Familienunternehmen angebotene Produkte und Dienstleistungen überdenkt, sondern das Geschäftsmodell als Ganzes in Frage stellen. Am Beispiel eines Factory Outlet Centers wird gezeigt wie externe Markttrends Familienunternehmen zwingen ihren Status-Quo zu überdenken. Darüber hinaus skizzieren wir interne Faktoren, die Einfluss auf Innovationen nehmen und argumentieren, dass die Mitarbeiter eine wesentliche kostbare Ressource im Unternehmen darstellen, die ebenfalls zur Innovationstätigkeit beisteuern können. Daher betrachten wir die Existenz von Anreizstrukturen und Führungsstilen, die sich auf die Motivation der Mitarbeiter auswirken können und somit als Innovationsmotor fungieren. Schließlich untersuchen wir den Fall einer Unternehmensnachfolge, da ein solches Ereignis zum einen das Unternehmen herausfordert und als Bedrohung gesehen wird (Hambrick & Fukutomi, 1991; Hauck & Prügl, 2015; Minichilli, Brogi & Calabrò, 2015), zum anderen jedoch als Chance für Innovationen genutzt werden kann und sollte (Le Breton -Miller, Miller & Steier, 2004; Miller, Steier & Le Breton-Miller, 2003). Daher ist es unabdinglich sich auf den Transfer von Wissen von der Vorgängergeneration auf die Nachfolgergeneration zu konzentrieren. Hierbei muss der Aspekt des kontinuierlichen Lernens betont werden, denn dieser wird als notwendige Voraussetzung für Innovationen gesehen. Familienunternehmen sollten grundsätzlich externe sowie interne Herausforderungen nutzen, um das Unternehmen nachhaltig auszurichten. Bevor wir auf die einzelnen Beiträge eingehen, diskutieren wir was Innovationen sind und warum sie so wichtig sind.

Abbildung 1: Modell des Herausgeberbands

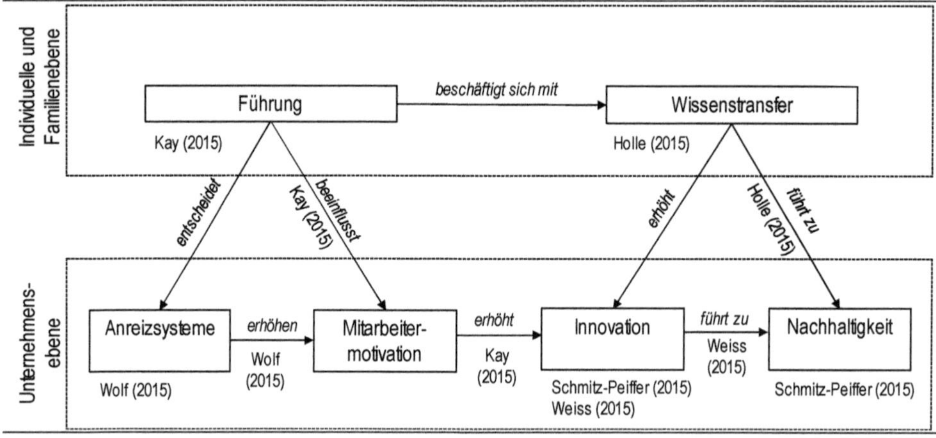

Innovationen und ihre Relevanz

Heutzutage werden Innovation immer als der Schlüssel zum Erfolg gesehen. Aber wie sah das in der Vergangenheit aus? Wurden Innovationen schon damals als wichtiges Instrument zum Erfolg identifiziert? Um diese Frage zu beantworten, vergleichen wir einmal die Vergangenheit mit der gegenwärtigen Welt. Wo ist das Telefon von Bells, ein berühmtes und innovatives Produkt aus den 1880er Jahren? Wo sind die großen Desktop-Computer, die *Blackberrys* und die Schreibmaschinen? Es gibt viele ähnliche Beispiele. Nicholas erstes Auto wird nun durch Mercedes, Toyota, BMW oder Andere ersetzt. Daher können wir sagen, dass Innovationen immer ein sehr relevantes Thema waren. Aber die großen Neuerungen der damaligen Zeit sind schon lange nicht mehr aktuell. Für wie lange kann also ein einziges Produkt oder Dienstleistung Erfolg haben? Mobiltelefone waren 25 Jahre der Hit, die Motorola-Dynastie blieb für zehn Jahre in Mode, aber letztlich vergeht Zeit und eine andere Innovation löst alte oder Dienstleistungen ab, ebenso wie das Smartphone. In der heutigen Zeit erscheinen solche radikalen Innovationen immer häufiger und wie auch für jedes andere Unternehmen müssen sich Familienunternehmen mit diesen Veränderungen auseinandersetzen.

In dem heutigen sich rasant wandelnden Umfeld scheinen Innovationen, neben weiteren Faktoren, wie ein Beatmungsgerät, dass jemanden am Leben erhält und zwar nicht nur auf Unternehmensebene (Amabile, 1988; Ancona & Caldwell, 1987; Kanter, 1988), sondern auch auf Landesebene durch die Förderung des Wirtschaftswachstums (Westwood & Low, 2003). Und das ist es was nicht nur Familienunternehmen als Ziel verfolgen, sondern was jedes Unternehmen möchte. Überleben! Aber um zu überleben, müssen Unternehmen auch ihre Angebote und das Unternehmen an sich überdenken, damit mit der sich verändernden Welt Schritt halten zu können.

Verschiedene Innovationsarten

Wenn wir an Innovation denken, haben die meisten Menschen automatisch traditionelle Produkt-, Dienstleistungs- oder Prozessinnovationen vor Augen, wie das neue System ViClean of Villeroy & Boch, bei dem die Reinigung nicht mehr mit Papier, sondern mit Wasser zu einem ganz neuen Gefühl von Reinheit führt, das SelfCookingCenter von Rational, bei dem das Gerät eigenständig weiß, wie Hähnchen knusprig werden, oder gar das System TruConnect von TRUMPF GMBH + CO. KG, welches alle Prozesse entlang der Wertschöpfungskette in einer Anwendung abbildet. „Viele Unternehmen waren lange Zeit innovativ darin, ihre Produkte besser zu machen. Jedoch bedenken nur die wenigsten, was kommt, wenn die Produkte durch die Digitalisierung einmal überflüssig werden" (Kammerlander, 2015). Aus diesem Grund müssen Unternehmen über den Tellerrand hinwegschauen, denn vielleicht wissen sie, dass solche typischen Innovationen nur ein erster Schritt in die Zukunft sind. Die meisten dieser Innovationen sind oftmals eher inkrementeller Natur, was bedeutet das z.B. Technologien kontinuierlich verbessert werden, um die Leistung zu erhöhen oder die Kosten zu senken. Es gibt jedoch weitere Arten von Innovationen, die weitaus radikaler sind.

Geschäftsmodell Innovation als wichtiger Weg zur Sicherung der Marktposition

Die meisten Unternehmer übersehen oft die Möglichkeit, sich neu zu bestimmen und dadurch zu ändern wie Umsatz generiert, Kosten getragen und Risiken verwaltet werden, wenn Routinen hinsichtlich angebotener Produkte und Dienstleistungen geändert oder Entscheidungen getroffen werden sowie wer diese trifft und warum (im Akademischen sprechen wir über Geschäftsmodellinnovationen). Erfolgreiche Veränderungen in diesen Dimensionen verbessern die Kombination von Umsatz, Kosten und Risiken. Mit anderen Worten, das Primärziel von Geschäftsmodellinnovationen ist, neue Einkommensquellen zu realisieren, indem Produkte und Dienstleistungen verbessert werden und wie diese an Kunden gelangen. Anders als die traditionellen Innovationen verlangen Änderungen des Geschäftsmodells eine Veränderung der Identität der Unternehmen, ihrer Kernressourcen und Versorgungsketten sowie der bisherigen Zielkunden und Märkte.

Nehmen wir Apple als Beispiel. Apple führte Produkte und Dienstleistungen wie iPod, iPhone und iTunes ein, welche die bis dahin angebotenen Produkte über den Standard PC hinaus erweitert haben. In der Tat war das iPhone ein revolutionärer Schritt auf dem Smartphone-Markt und iTunes war ein neues Instrument zum Herunterladen von Musik. Dabei ging es nicht nur um erfolgreiche Produkt- und Dienstleistungsinnovationen. Im Mittelpunkt des Erfolges stand die Fähigkeit von Apple ein neues Geschäftsmodell für Musik zu entwickeln, welche heruntergeladen werden kann. Die Musikindustrie hatte bis zu diesem Zeitpunkt eine solche Möglichkeit verpasst. Auch Netflix führte einen Service ein, der den traditionellen Videoverleihmarkt revolutionierte.

Da vor allem Familienunternehmen nach Langlebigkeit streben, sollten sie auch strategische Entscheidungen als Reaktion auf das sich wandelnde Umfeld treffen, wie die Anpassung des bisherigen

Geschäftsmodells, um eine erfolgreiche Erneuerung oder Regeneration durchzuführen (Sharma & Manikutty, 2005). Es ist klar, dass auf lange Sicht nicht nur wertvolle, seltene, nachahmbare und nicht substituierbare Produkte für die Erhaltung eines nachhaltigen Wettbewerbsvorteils ausreichen. Vielmehr müssen im Zeitalter der Digitalisierung Geschäftsziele, Produkte und Dienstleistungen verwaltet, neu ausgerichtet und/oder effektiv und effizient kombiniert werden, um einen reellen Wert für das Unternehmen zu schaffen (Sirmon & Hitt, 2003). Ein Unternehmen sollte in der Lage sein, Herausforderungen zu identifizieren und als Chance zu sehen, um somit Geschäftsmodellinnovationen umzusetzen (im akademischen Sinne sprechen wir von einer dynamischen Fähigkeit).

Geschäftsmodellinnovation ist ein aktuelles Phänomen, das sich mit allen Geschäftsbereichen beschäftigt, einschließlich der Verbesserung der Marketingaktivitäten, der Einführung neuer organisatorischer Geschäftspraktiken, der Veränderung der Hierarchiestruktur und dem Aufbau starker externer Beziehungen. Da ein Geschäftsmodell kontinuierlich modifiziert werden muss, steht das Experimentieren im Mittelpunkt. Daher ist es entscheidend, ein bestehendes Geschäftsmodell zu modifizieren oder sogar ein neues zu schaffen, das parallel existiert, was wir als organisatorische Ambidexterität bezeichnen. Qantas hat beispielsweise die Low-Cost-Langstrecken-Airline Jetstar erschaffen, die eine revolutionäre Preisstrategie mit günstigen Flügen in Kombination mit verschiedenen Optionen für Versorgung, Komfort und Unterhaltung eingeführt hat. So gelang es Qantas, zwei verschiedene Geschäftsmodelle gleichzeitig zu betreiben. Auch IKEA zeigt, dass eine Dualität von Geschäftsmodellen zusätzliche Werte und Erträge generieren kann. IKEA hat zu dem traditionellen Einzelhandelsgeschäft ein weiteres Geschäftsmodell entwickelt, indem es Einkaufszentren in den Gebäuden neben seinen Geschäften erbaut. Geschäftsmodellinnovationen werden von Weiss (2016) näher beleuchtet, indem er sich vor allem auf organisatorische Bedingungen, den eigentlichen Prozess von Geschäftsmodellinnovation sowie den Einfluss der Familie auf Geschäftsmodellinnovationen.

Factory Outlet Center als externer Bedrohungsfaktor für Familienunternehmen

Natürlich kann eine Geschäftsmodellinnovation für das eigentliche Unternehmen von Vorteil sein. Gleichzeitig kann dieses Auftauchen jedoch eine externe Bedrohung für etablierte Unternehmen, insbesondere für Familienunternehmen, darstellen. Ein Beispiel für eine solche Geschäftsmodellinnovation ist das Konzept der Factory Outlet Center. Dieses Beispiel zeigt, dass Familienunternehmen im Einzelhandel die laufenden Trends des Marktes beobachten und nicht nur das Produkt- und Dienstleistungsportfolio anpassen und modifizieren müssen, sondern auch ihr Geschäftsmodell überdenken sollten, um auf dem Markt zu überleben. Schmitz-Peiffer (2016) befasst sich mit dieser Thematik und beleuchtet zwei Perspektiven. Zum einen werden die Bedrohungen für familiengeführte Einzelhändler untersucht und diese ins Verhältnis zu Nicht-Familienunternehmen gesetzt. Zum anderen werden auf politischer Ebene Auswirkungen auf die regionale Infrastruktur aufgezeigt. Darüber hinaus werden Maßnahmen beleuchtet, welche Familienunternehmen durchführen, um sich gegen Factory Outlet Center durchzusetzen.

Interne Bedrohungen von Familienunternehmen und Mitarbeiter als wertvolles Gut

Neben externen Faktoren, die Familienunternehmen dazu zwingen innovativ zu sein und das Geschäftsmodell zu überdenken, müssen sich Familienunternehmen intern ebenfalls einigen Bedrohungen stellen.

Bei der Betrachtung eines Unternehmens spielen Mitarbeiter als Ressourcen (auch Humanressourcen genannt) eine wichtige Rolle, da sie als eines der wichtigsten Vermögenswerte eines Unternehmens gelten, vor allem im Hinblick auf den Innovationsprozess. Es zeigt sich, dass Familienunternehmen aufgrund ihrer besonders motivierten und engagierten Mitarbeiter (Azoury, Daou & Sleiaty, 2013), die wertvolles Wissen und Kapital liefern (Duran, Kammerlander, Van Essen & Zellweger, 2016) sehr innovativ sind. Zudem verzeichnen Familienunternehmen im Vergleich zu Nicht-Familienunternehmen langjährige Betriebszugehörigkeit, niedrige Kündigungs- und Entlassungsraten. Wenn eine Organisation vor allem langfristig bestehen möchte, ist es wichtig, eine starke Mitarbeiterbasis aufzubauen. Daher hat eine Unternehmenskultur, in der sich Mitarbeiter integrieren und wertgeschätzt werden einen hohen Stellenwert (Azoury et al., 2013). Die Forschung hat ergeben, dass insbesondere Familienunternehmen hierbei einen Vorteil haben, denn sie besitzen eine so genannte "Familienunternehmenskultur", die die Mitarbeiter dazu ermutigt, ihre innovativen Ideen zu teilen, sich als wertvolles Kapital und als Teil des Unternehmens zu fühlen. Es sollte nicht vergessen werden, dass Innovationen nur durch die Unterstützung von Mitarbeitern entwickelt und umgesetzt werden können. Daher ist die Motivation der Mitarbeiter für den Erfolg jedes Unternehmens unerlässlich.

Anreizsysteme als Instrument für Mitarbeitermotivation und Engagement

Da Humankapital als eines der wertvollsten Vermögenswerte eines Unternehmens angesehen werden, sollten sie im Zuge des Innovationsprozesses eine hohe Bedeutung erhalten. Somit sollte sich das Unternehmen um Angestellte kümmern. Mitarbeiter sollten grundsätzlich Gelegenheiten haben sich einzubringen und auszusprechen und was sie beschäftigt, denn so bringen sie die Familienunternehmen nach vorn. Somit muss der Geschäftsführer nicht nur Kunden und Lieferanten zufrieden stellen, sondern auch die eigenen Mitarbeiter sollten hohe Aufmerksamkeit erhalten.

Im Allgemeinen können Anreize als wichtiges Instrument zur Steigerung von Motivation der Mitarbeiter dienen. Eine der am meisten genutzten Arten, Mitarbeiter im Einklang mit den organisatorischen Bedürfnissen zu halten, besteht darin, ihnen materielle und immaterielle Anreize zu geben. Es stellt sich jedoch die Frage, welche besonderen Anreize ein Unternehmen dazu nutzt, Mitarbeiter zu motivieren und ihr Engagement zu erhöhen. Wolf (2016) untersucht empirisch welche Anreizsysteme in Familienunternehmen typischerweise implementiert sind und durch welche sich Mitarbeiter mehr oder weniger motiviert fühlen. Es ist schwer abzuschätzen, welche Art von Anreizen für einen Mitarbeiter wichtiger sind, da dies auch von verschiedenen Situationen abhängt. Dies gilt auch nicht nur für Arbeitnehmer auf unterer Ebene der Hierarchie, sondern auch für Führungskräfte und CEOs. Es kann sein, dass der CEO in einem Familienunternehmen die gleichen Anreize erhält wie der CEO in einem Nicht-Familienunternehmen. Jedoch ist es offensichtlich, dass Geschäftsführer eines Familienunternehmens auch spezifische familiäre Verpflichtungen haben, welche zu divergenten strategischen Entscheidungen führen. Grundsätzlich gilt allerdings, dass Geschäftsführer oder Manager die Techniken kennen müssen, die dazu beitragen, Mitarbeiter zu motivieren und zu ermutigen Wissen zu teilen.

Aufgrund der Langzeitorientierung investieren Familienunternehmen mehr in den Aufbau ihres Humankapitals im Vergleich zu Nicht-Familienunternehmen, da sie grundsätzlich einem Zeithorizont von zehn oder zwanzig Jahren im Blick haben. Sie konzentrieren sich hauptsächlich auf die Aktivitäten, von welchen auch die nächste Generation der Familie profitiert. Oft gibt es eine soziale Bindung zwischen Familienmitgliedern und Mitarbeitern, die lange zusammenarbeiten (Davis, Schoorman & Donaldson, 1997, Guzzo & Abbott, 1990). Der Geschäftsführer des Familienunternehmens zieht viele Vorteile aus langjährigen Mitarbeitern wie höheres Vertrauen, Verständnis, Verhaltensweisen, Entscheidungsfindung und schließlich eine stärkere Unternehmenskultur. All diese Besonderheiten machen Familienunternehmen ein Team von langjährigen Spezialisten mit effizienter Teamdynamik und der gegenseitigen mentalen Einstellung, welche dabei hilft Ziele zu erreichen.

Im Allgemeinen ist die Mitarbeiterbindung in Familienunternehmen höher als in Nicht-Familienunternehmen. Interessanterweise sind Familienunternehmen weniger abhängig von finanziellen Anreizen, um ihre Mitarbeiterbindung zu erhöhen. Stattdessen fokussieren sie sich auf die Entwicklung einer Unternehmenskultur gekennzeichnet durch Engagement, interne Beförderungen, hohe Investitionen in die Mitarbeiterausbildung und Vermeidung von Entlassungen während wirtschaftlichen Engpässen. Dies könnte der Grund dafür sein, warum immaterielle Anreize mehr als konkrete Mechanismen für Mitarbeiter eines Familienunternehmens eingesetzt werden (Wolf, 2016). Die Rolle der immateriellen Anreize lohnt sich auch bei der Förderung des Innovationsprozesses, was auch folgendes Zitat belegt.

> *"Make sure that the employees have enough autonomy. This might be perceived as particularly "difficult" or "undesired" by patriarchic entrepreneurs favoring to centralize decision-making power at the top. Yet the positive effect of autonomy on innovation by employees is undoubted. Trust in employees is the most important requirement to create such autonomous climate and make innovation happen." (Kammerlander, 2015)*

Führung als Instrument für Mitarbeitermotivation und Engagement

Die Führung eines Unternehmens erfordert, dass Menschen mit unterschiedlichen Einstellungen und Visionen motiviert werden zusammenzuarbeiten, um gemeinsame Ziele zu erreichen. Neben verschiedenen Anreizsystemen zur Motivation von Mitarbeitern benötigen Unternehmen auch gute Führungskräfte, um die Mitarbeiter zu erreichen. Der Geschäftsführer sollte über die Fähigkeit verfügen, Leidenschaft und Engagement in anderen zu wecken. Zudem sollte Vertrauen in das Verhalten der Mitarbeiter und ihr Engagement vorhanden sein. Mitarbeiterführung ist ein Teil der Aufgaben eines Geschäftsführers, welche die Interaktion zwischen Anhängern und Führern betrachtet. Dies stellt Bedingungen für den Erfolg oder Misserfolg jedes Unternehmens. Im Zusammenhang mit Familienunternehmen nimmt die Unternehmensführung eine ganz besondere Bedeutung ein. Auch wenn eine Familie als eine Gruppe von Individuen, welche einer Familie angehört, gesehen wird, haben verschiedene Unternehmen einen dominanten Akteur oder eine Liga von Anführern, die eine bestimmte Vision und Macht haben, die Zukunft der unternehmerischen Aktivitäten bestimmen (Chua, Chrisman & Sharma, 1999). Diese Führungskräfte sind verantwortlich für die Entwicklung der Maßnahmen zur Anpassung an Veränderungen im internen und externen Umfeld.

Führungspersönlichkeiten

In einem Familienunternehmen ist es oftmals so, dass Mitglieder einen erheblichen Teil des festen Eigenkapital besitzen und somit über ausreichend Macht verfügen, um die Entscheidung der Auswahl eines Nachfolgers zu beeinflussen. Es ist wichtig eine sorgfältige Auswahl zu treffen, da der CEO und der vorgelebte Führungsstil eine wichtige Quelle für die Steigerung der Mitarbeitermotivation haben (Dumdum, Lowe & Avolio, 2002; Felfe & Goihl, 2002). CEOs haben einen großen Einfluss auf die Strategie und letztlich auf den Innovationsprozess. Daher ist es interessant herauszufinden, ob, wie intensiv und unter welchen Bedingungen bestimmte Führungsstile und CEO Charakteristika den Innovationsprozess fördern. Kay (2106) untersucht im Speziellen welche Auswirkungen Führungsstile auf die Motivation von Mitarbeitern haben, die nicht der Unternehmerfamilie angehören.

Familienunternehmen müssen die Fähigkeit besitzen, Veränderungen vorantreiben zu können, zu lernen und in höchst anspruchsvollen Situationen zu wachsen. In Familienunternehmen kann Führung als Kunst gesehen werden, die dazu führt, dass Mitarbeitern an eine gemeinsame Vision glauben. Daher unterscheidet sich die Arbeit eines Geschäftsführers im Familienunternehmen von anderen Führungskräften in Nicht-Familienunternehmen, da es nicht nur das Unternehmenssystem gibt, sondern die Kontexte der Familie, des Unternehmens und des Eigentums. Infolgedessen steht der familieneigene Geschäftsführer komplizierteren Aufgaben im Vergleich zu Geschäftsführern der Nicht-Familienunternehmen gegenüber. Zudem kann es sein, dass in vielen Fällen der Eigentümer und der Geschäftsführer die gleiche Person sind. Diese Überlappung birgt mehrere Vorteile, unter anderem eine reduzierte Abhängigkeit des Geschäftsführers von anderen Stakeholdern. Aufgrund dieser Freiheit, der Überlappung von Unternehmen, Eigentum und individuellen Zielen sowie dem Besitz wertvoller Kenntnisse über die Tradition, Werte der Familie und die Produkte und Dienstleistungen des Unternehmens ist die Aufgabe eines Geschäftsführers die Schaffung und Stärkung einer einzigartigen Familienkultur. Nachteile könnten zum Beispiel familiäre Konflikten auf das Unternehmen übertragen werden sowie die dauerhaft präsente Frage bzgl. der Entscheidung, was kommt zuerst – das Unternehmen oder die Familie – sein.

Da alle Unternehmen mit einem sich schnell wandelnden Umfeld konfrontiert sind, müssen insbesondere Familienunternehmer wissen, wie sie mit Volatilität, Ungewissheit, Komplexität und Unklarheiten umgehen müssen. Daher ist der Umgang mit Veränderung, aber auch die Umsetzung von Anpassungen der Schlüssel zum Erfolg für Familienunternehmen, um exogene Veränderungen erfolgreich zu meistern. Grundsätzlich steht jeder vor der Frage, wie man wettbewerbsfähig bleiben kann, um die Marktposition zu stärken. Hierbei ist es wichtig innovativ zu sein, aber gleichzeitig die Kernwerte der Familie zu wahren. Gehen Familienwerte verloren, kann dies zu einem Verlust von Tradition und damit einhergehender Reputation führen. Somit kann die Wahrung der Werte der Familie die Identität des Unternehmens stärken und Familien- und Nicht-Familienangehörigen eine spezifische Richtlinie geben. Daher können Familienwerte als wichtiger Erfolgsfaktor gesehen werden, um innovatives Verhalten zu fördern. Eine positive Einstellung gegenüber Veränderungen ist jedoch notwendig, um die Komplexität des 21. Jahrhunderts zu überwinden. Dies sollte auch in der Unternehmenskultur des Familienunternehmens neben Transparenz und klare sowie offene Kommunikation verankert sein. Zudem ist eine Kultur des Lernens essentiell für Veränderungen sowie Innovationen, vor allem aber auch das Lernen aus Fehlern.

Unternehmensnachfolge und Lernen

Da Familienunternehmen zukunftsorientiert und langfristig denken, ist das Thema der Unternehmensnachfolge zu gegebener Zeit unumgehbar. Es ist nicht überraschend, dass der Nachfolgeprozess eine herausfordernde Aufgabe für Familienunternehmen darstellt. Dennoch ignorieren Familienunternehmen oft die Planung der Nachfolge und es fehlt ein systematischer Ansatz für einen Nachfolgeprozess. Aber welche Möglichkeiten bestehen die nachfolgende Generation auf die Führung eines Familienunternehmens und die damit verbundenen Aufgaben vorzubereiten? Zudem stellt sich die Frage, wie die Innovationsfähigkeit des Unternehmens über Generationen hinweg nachhaltig aufrechterhalten wird.

Die Auswahl des Nachfolgers, der genaue Zeitpunkt der Auswahl und der Übergang sowie die Integration des Nachfolgers in das Familienunternehmen gelten als eine der wichtigsten Aspekte der Nachfolgeplanung. Familienunternehmen, welche eine Nachfolge erfolgreich gemeistert haben, erkannten, dass die frühzeitige Auseinandersetzung mit der Thematik und das Investieren in die zukünftige Generation der Schlüssel zum Erfolg sind. Familienunternehmen sollten sich über notwendige Kompetenzen für das spezielle Familienunternehmen bewusst sein und diese beim Nachfolger von Anfang an fördern. Grundsätzlich kann nicht jede Person über notwendige Kompetenzen verfügen ein Familienunternehmen zu leiten. Kompetenzen, welche für den Erfolg an der Spitze eines Familienunternehmens als erforderlich erscheinen, sind z.B. Teamführung und Veränderungsmanagement. Es steht fest, dass jeder Mensch ausreichend Zeit benötigt, um das Familienunternehmen kennenzulernen und eine Beziehung mit Familienangehörigen und Mitarbeitern aufzubauen. Vertrauen steht hierbei ganz eindeutig im Vordergrund. Hierzu zählt vor allem das Vertrauen zwischen dem Übergeber und Übernehmer, da es als erleichternder Faktor für einen reibungslosen Übergangsprozess dient. Während der Unternehmensnachfolge gelingt es einigen Familienunternehmen Innovationen durch den Transfer von Wissen hervorzubringen (Dess et al., 2003). Innovationen sind meist an Entscheidungen und Handlungen der Geschäftsführer gebunden. Vor allem eine Unternehmensnachfolge ermöglicht es, alte Muster und Routinen zu modifizieren oder aufzubrechen, denn nachfolgende Generationen bringen häufig neue Ideen und andere Sichtweisen ein (Forges & Hamel, 2000). In diesem Fall kann ein Familienunternehmen dieses neue Wissen auf bereits angewandte Produktionsbereiche oder Marktentwicklungen anwende, was für den Erfolg entscheidend ist. Es ist jedoch nicht möglich nur neues Wissen umzusetzen, vielmehr besteht die Aufgabe darin, das vorhandene Wissen zu reorganisieren und mit dem neuen Wissen zu verbinden. Somit ist bereits bestehendes Wissen der abgebenden Generation, welches sich über Jahre oder gar Jahrzehnte angesammelt hat, besonders wichtig. Bei dieser besonderen Art von Wissen, welches in einer einzelnen Person steckt, sprechen wir von stillem oder impliziertem Wissen. Es ist besonders wichtig, dieses Wissen über Generationen hinweg zu erhalten und sich auf transgenerationalen Wissenstransfer und Wissenserhalt im Verlauf des Übertragungsprozesses zu fokussieren, denn dieses Wissen kann sich auf das Innovationsergebnis in Familienunternehmen erheblich auswirken.

Stilles Wissen als wichtiger Faktor für Innovationsprozesse

Aber wie funktioniert eigentlich ein Lernprozess und wie wird stilles Wissen überhaupt erzeugt? Nach dem Lernmodell von Tran und Jones (2008) beeinflussen sowohl externes als auch internes Lernen die

Organisationskultur, die zu Veränderungen im Innovationsprozess führt. Diese Lernmodelle werden in zwei Konzepte unterteilt. *Acquired learning* basiert auf bereits vorhandenem allgemeinem Wissen, das leicht nachzuahmen ist, wohingegen experimentelles Lernen, welches auf seltenem und einzigartigem Wissen basiert, sehr schwierig zu imitieren ist und zu Wettbewerbsvorteilen für das Unternehmen führen kann. Experimentelles Lernen ist aufgrund der Notwendigkeit einer kontinuierlichen Anpassung an das sich dauerhaft wandelndes Umfelds sehr gefragt. Meist wird dieses stille Wissen von einem Individuum erworben und bleicht weiterhin erstmals in diesem Individuum verankert, wenn es nicht mit anderen Personen geteilt wird. Der gesamte Lernprozess kommt nur dann zum Tragen, wenn dieses Wissen auf zusammenarbeitende Personen übertragen wird, indem jene Personen ihre Erfahrungen und dieses Wissen miteinander teilen. Holle (2016) beschäftigt sich mit der Bedeutung von generationsübergreifendem Wissenstransfer im Hinblick auf Innovationen. Im Speziellen untersucht sie den Prozess der Wissenserzeugung und -übertragung und einhergehender Problematiken infolge der Nachfolge.

Unternehmensnachfolge als Wandel und die generationsübergreifende Innovationsfähigkeit

Nach Habbershon et al. (2010, S.1) ist generationsübergreifendes Unternehmertum als *"the processes through which a family uses and develops entrepreneurial mindsets and family influenced resources and capabilities to create new streams of entrepreneurial, financial and social value across generations"*. Diese Definition zeigt, dass unternehmerische Denkweisen die Kombination von Werten, Überzeugungen und Einstellungen sind, die das Individuum dazu bringt unternehmerisch und innovativ aktiv zu werden. Das Konzept des Wandels in Familienunternehmen ist im Nachfolgeprozess tief verwurzelt, denn eine Unternehmensnachfolge ist an sich schon durch großen Wandel gekennzeichnet. Es ist wichtig, dass die nachfolgende Generation über eine unternehmerische Vision im Hinblick auf Wandel verfügt. Veränderungen können nicht dauerhaft umgangen werden. Der einzige Weg, mit Veränderung umzugehen, ist sich selbst anzupassen. Und um dies voranzutreiben, müssen auch Familienunternehmen bereit sein, Strukturen zu ändern, um langfristig erfolgreich zu sein (Aldrich und Cliff, 2003).

Zusammenfassung und Ausblick

In dieser komplexen Welt ist es offensichtlich, dass Familienunternehmen mit zahlreichen Herausforderungen wie Führungswechsel, Governance und sogar dem Überleben kämpfen. Daher ist es wichtig, sich mit Problematiken, welche den Erfolg des Unternehmens bedrohen, auseinanderzusetzen und Themen wie bspw. die strategische Neuorientierung, die Entwicklung des Unternehmens, Teamführung und Veränderungsbereitschaft anzugehen. Die folgende Tabelle 1 gibt eine Übersicht der nachfolgenden Artikel, die sich alle mit der Frage "Wie können Familienunternehmen fit für das 21. Jahrhundert werden?" beschäftigen.

Tabelle 1: Übersicht der folgenden Kapitel

Autor	Link zum Gesamtmodell	Empirische Grundlage	Hauptergebnisse
Weiss (2016)	Innovation, Nachhaltigkeit des Familienunternehmens	Acht Interviews in sieben deutschen Familienunternehmen	• Geschäftsmodellinnovationen sind abhängig von Prozess- und unternehmensspezifischen Faktoren, sowie von dem Familieneinfluss • Geschäftsmodellinnovationen sind ein chancengetriebener Prozess, welcher durch Experimentieren sowie einer innovationsfördernden Kultur geprägt ist • Produktinnovationen dienen häufig als Schlüssel für Geschäftsmodellinnovationen
Schmitz-Peiffer (2016)	Innovation, Nachhaltigkeit des Familienunternehmens	Fallstudie eines Outlet Centers mit acht Interviews in Familienunternehmen des Einzelhandels und einem Interview mit der Bürgermeisterin einer deutschen Stadt	• Factory Outlet Centers bringen sowohl Risiken als auch Chancen für Familienunternehmen wie auch für die regionale Infrastruktur • Familienunternehmen betrachten Factory Outlet Center nicht als Gefahr für das eigene Unternehmen • Factory Outlet Center beeinträchtigen Familienunternehmen wie auch Nicht-Familienunternehmen in gleicher Weise
Wolf (2016)	Anreizsysteme, Mitarbeitermotivation	Umfrage von 185 Mitarbeitern aus deutschen Familienunternehmen und Nicht-Familienunternehmen	• Die Umsetzung von ausgewählten materiellen und immateriellen Anreizen haben einen positiven Einfluss auf Mitarbeitermotivation • Familienunternehmen bieten ihren Mitarbeitern weniger Anreize als Nicht-Familienunternehmen an, jedoch gelingt es ihnen, Mitarbeiter durch diese stärker zufriedenzustellen
Kay (2016)	Führung, Mitarbeitermotivation, Innovation	Acht Interviews in vier deutschen Familienunternehmen	• Persönliche Beziehungen und eine Unternehmenskultur, die durch Führungspersonen geschaffen werden, beeinflussen die Motivation von Mitarbeitern, welche nicht zur Unternehmerfamilie gehören • Innovationen werden von der Motivation der Mitarbeiter beeinflusst, jedoch ist die Einbindung der Mitarbeiter im Innovationsprozess nur auf einem wünschenswerten Niveau, wenn das Unternehmen und der entsprechende Job auch Innovationen fördert
Holle (2016)	Generationsübergreifendes Wissen	Neun Interviews mit Eigentümern deutscher Familienunternehmen	• Übergeber verfügen über ein hohes Niveau an stillem Wissen, welches auf die nachfolgende Generation übertragen werden sollte • Das Einbinden des Übergebers ist notwendig, um eine reibungslose Übertragung von angesammelten stillem Wissen durchzuführen

Jonathan Chun Kit Weiss

2 Geschäftsmodellinnovation

2.1 Einleitung

„Hätte ich in einer großen Unternehmensgruppe gearbeitet, wäre ich wohl drei bis vier Mal für unser Handeln entlassen worden!“

Zu dieser Einschätzung gelangte der Eigentümer und Geschäftsführer eines befragten Familienunternehmens, der erfolgreich das Geschäftsmodell seines Unternehmens erneuert hat. Bislang gibt es nur wenige Studien, die sich der Geschäftsmodellinnovation in familiengeführten Unternehmen widmen. Ziel dieser Forschungsarbeit ist es, den Prozess der Geschäftsmodellinnovation vor diesem besonderen organisatorischen Hintergrund besser zu verstehen. In den vergangenen Jahrzehnten wurde immer wieder auf die Bedeutung von Familienunternehmen für die Wirtschaftssysteme der meisten Länder hingewiesen. Diese Bedeutung ist sowohl mit ihrer Anzahl, als auch mit ihrem Anteil an Produktionszahlen und Steueraufkommen zu begründen (Sharma, Chrisman & Chua, 1997).

Familienunternehmen sind im Hinblick auf ihre Verhaltensweisen, Eigenschaften und die Probleme, denen sie ausgesetzt sind, idiosynkratisch. Die Erzeugung und Sicherung eines Wettbewerbsvorteils sind Themen, mit denen sich ein jedes Wirtschaftsunternehmen beschäftigt. In Familienunternehmen besteht das vorrangige Ziel jedoch nicht allein in der Sicherung wirtschaftlicher Stabilität. In Familienunternehmen ist die Erhaltung und Vervielfältigung des sozio-emotionalen Wohlstands oftmals von gleicher Bedeutung. In dieser Hinsicht sind zwei Grundmechanismen erforderlich. Einerseits muss ein Wert für die Kunden geschaffen werden, und andererseits muss das Unternehmen ausreichend Wert schöpfen, um auf dem Markt zu bestehen. Das ist der Kern eines Geschäftsmodells (Teece, 2010). In gewisser Weise ist das sogar ein Abbild dieser zentralen Mechanismen (Chesbrough, 2010).

Die Verwendung des Begriffes Innovation erfolgt häufig mit der Absicht, eine Aussage über die Entwicklung neuer Produkte oder Dienstleistungen zu treffen. Innovation im Zusammenhang mit dem Geschäftsmodell geht jedoch einen Schritt weiter. Dies kann Innovation von Produkten und Dienstleistungen mit sich bringen, grundsätzlich verändert sich jedoch das große Ganze des Zusammenspiels von Ressourcen und Geschäftstätigkeit eines Unternehmens. Die Begründung der Literatur über Geschäftsmodellinnovation im Allgemeinen erfolgte durch Amit und Zott (2001), die erstmals die Verwendung dieses Konzepts vorschlugen. Chesbrough und Rosenbloom (2002) erbringen den Nachweis in ihrer Fallstudie über Ausgründungsunternehmen wie Xerox. Das Verfahren selbst ist fest in der Disziplin des Design Thinking verwurzelt (Johansson-Sköldberg, Woodilla & Cetinkaya, 2013).

Diese Arbeit versucht, Antworten auf folgende Forschungsfragen zu finden: Wie läuft eine Geschäftsmodellinnovation in Familienunternehmen ab und warum könnte das auf andere Art und Weise erfolgen? Die Arbeit stützt sich auf acht Tiefeninterviews bei insgesamt sieben Familienunternehmen, welche ihr Geschäftsmodell mit unterschiedlichem Innovationsgrad erfolgreich erneuert habe.

Es werden drei Beiträge zur Literatur und Praxis geliefert. Erstens erbringt die Arbeit den Nachweis für die Erkenntnisse aus der vorhandenen Literatur und eröffnet somit theoriebildende Vorschläge. Zweitens widerspricht sie einigen Erkenntnissen, die aus früheren Studien abgeleitet wurden. Drittens eröffnet sie neue Richtungen für zukünftige Forschung und schlägt bestimmte Studienansätze vor.

2.2 Theoretische Grundlagen

Die Literatur, die eingesehen werden muss, um ein tieferes Verständnis der Geschäftsmodellinnovation in Familienunternehmen zu erlangen, vereinigt zwei weitverbreitete Forschungsansätze. Einerseits gibt es vorhandenes Wissen über die wirtschaftlichen Gegebenheiten in Unternehmen, die Eigentum von Mitgliedern einer oder mehrerer Familien sind und von diesen kontrolliert oder geleitet werden. Andererseits beleuchten immer mehr Studien im Bereich der Innovation diese neue, jedoch zunehmend populäre Teildisziplin. In dem Versuch, diese beiden Ansätze zu vereinen, ist die Literatur zur Geschäftsmodellinnovation in Familienunternehmen noch nicht weit fortgeschritten, sondern wartet auf weitere Beiträge. Daher geht diese Forschungsarbeit einen Schritt zurück und beschäftige sich mit den allgemeineren Ergebnissen zu Innovation im organisatorischen Kontext von Familienunternehmen.

2.2.1 Familienunternehmen

In dieser Arbeit wird der Begriff Familienunternehmen auf Firmen angewandt, die von einem Familienmitglied geleitet werden, dessen Familie über 50 % des Eigentums an dem Unternehmen hält. Der Geschäftsführer muss nicht der Hauptkapitaleigner sein. Zudem befindet sich die Unternehmensleitung nicht mehr in der ersten Generation, sondern hat mindestens eine Nachfolge erfahren. Die Nachfolge muss nicht zwingend innerhalb der Gründerfamilie erfolgt sein, wenn ein Wechsel der Hauptinhaberfamilie stattgefunden hat.

Im Forschungsbereich Familienunternehmen sind mit der Zeit viele wichtige Disziplinen entstanden, die von der Unternehmensfinanzierung über das Marketing bis zur Nachfolgeregelung reichen. Diese Themen können je nach Blickwinkel unterschiedlich betrachtet werden. Ebenen der Erforschung von Familienunternehmen erfassen Einzelpersonen, Gruppen, das Einzelunternehmen und die Gesellschaft. Ein weiteres unverzichtbares Thema ist es, das zukünftige wirtschaftliche Wohlergehen des Unternehmens im Auge zu haben. Das erfordert Innovation, die Forschungsgegenstand dieser Arbeit ist.

2.2.2 Geschäftsmodelle und Innovationen

„Ein besseres Geschäftsmodell wird eine bessere Idee oder Technologie oftmals besiegen" (Chesbrough, 2007). Wie wir sehen werden, kann Innovation sich auf viele unterschiedliche Arten präsentieren. Eine besondere Form der Innovation ist die Geschäftsmodellinnovation, welche sich nicht nur mit der Entwicklung neuer Produkte befasst, sondern vielmehr mit dem gesamten Ansatz von Wertschaffung und Wertschöpfung in Familienunternehmen (Abbildung 2).

Abbildung 2: Elemente eines Geschäftsmodells

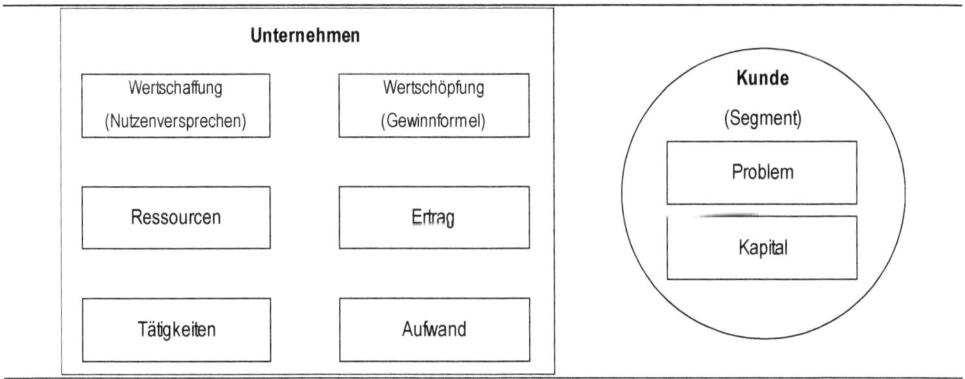

Ein Geschäftsmodell ist im Wesentlichen der grundlegende Mechanismus zur Wertschaffung und Wertschöpfung eines Unternehmens (Magretta, 2002). Wertschöpfung ist für ein Unternehmen zwingend erforderlich, da das operative Geschäft durch Ressourcen unterhalten werden muss, damit das Unternehmen auf lange Sicht überleben kann. Nettowertschöpfung bedeutet die Erwirtschaftung eines Gewinns. Daher wird diese Tätigkeit in Ertrag auf der einen und Aufwand auf der anderen Seite aufgeteilt (Chesbrough & Rosenbloom, 2002). Die zweite Tätigkeit bezieht sich auf die Wertschaffung für eine bestimmte Gruppe von Einzelpersonen. Erfolgt dies nicht, besteht auf lange Sicht keine Daseinsberechtigung, da niemand ein Interesse an den vom Unternehmen angebotenen Waren haben wird (Amit & Zott 2001). Der Wert wird durch die Bereitstellung von Produkten oder Dienstleistungen geschaffen, die ein Bedürfnis des Kunden lösen. Dabei ist jede einzelne Bereitstellung ein sogenanntes Nutzenversprechen. Diese Lösungen müssen von dem Unternehmen erzeugt, kommuniziert und geliefert werden (Magretta, 2002). Zuallererst werden als Grundlage Ressourcen benötigt. Im nächsten Schritt müssen diese Ressourcen verarbeitet werden, da keine Ware von allein entsteht. Daher sind neben den Ressourcen auch die Tätigkeiten entscheidend. Es ist das Zusammenspiel von Ressourcen und Prozessen, die gemeinsam Lösungen in Form von Produkten oder Dienstleistungen erzeugen. Dadurch wird ein Wert für einen bestimmten Kunden geschaffen (Johnson, Christensen & Kagermann, 2008).

2.2.3 Innovationen in Familienunternehmen

Familienunternehmen verfolgen nicht allein die Maximierung des Shareholder Value Prinzips. Stattdessen wird ihre Entscheidungsfindung durch andere, eher immaterielle Ziele bestimmt. Wissenschaftler schlagen eine Betrachtungsweise für Familienunternehmen vor, die deren emotionale Zuwendung als wesentliches Unterscheidungsmerkmal berücksichtigt (Gomez-Mejia et. al, 2007). Auf diese Art und Weise entstand das Konzept des sozio-emotionalen Wohlstands.

Ressourcen bilden im Allgemeinen die Grundlage aller Unternehmen. Ein Unternehmen kann den Wettbewerbsvorteil entweder mit effektiveren Ressourcen oder deren effizienteren Einsatz begründen (Pfeffer & Salancik, 1978). Es ist bekannt und wurde beobachtet, dass Familienunternehmen als enorm risikoscheu zu charakterisieren sind, und dass diese weniger in Forschung und Entwicklung investieren als ihre nicht-familienbetriebenen Pendants (Block, 2012). Die Begründung dafür liegt in dem starken Interesse der Familien, ihren sozio-emotionalen Wohlstand zu bewahren, wodurch sie die Erhaltung des Status Quo begünstigen. Mit anderen Worten: Familiäre Werte, Ressourcen und Beziehungen sind auf lange Sicht entscheidend. Matzler, Veider und Stadler (2015) nehmen eine differenziertere Haltung ein und spalten die Beteiligung der Familie in einen aktiven und einen passiven Teil auf. Ihre Ergebnisse zeigen, dass eher die aktive Beteiligung, das heißt Kontrolle und Leitung durch die Familie, die Innovationsleistung positiv beeinflussen kann. Darüber hinaus wird die Umsetzung oder Einführung, nachdem die Entscheidung zur Innovation gefallen ist, „mit mehr Ausdauer" verfolgt (König et al., 2013). Ein Ereignis, das nicht außer Acht gelassen werden darf, ist auch die Nachfolge des Firmenchefs. Gewöhnlich hat dieser Übergang, wie Studien (z. B. Cucculelli & Micucci, 2008) überwiegend gezeigt haben, eine ungünstige Auswirkung auf die Leistung.

Entscheidend ist zudem die Eigenschaft, eine dynamische Fähigkeit zur organisationalen Ambidextrie aufzubauen. Diese gestattet es dem Unternehmen, eingeführte Produkte und Geschäftsmodelle zu verwerten, die leichte Erfolge versprechen, und gleichzeitig Ressourcen auf zukünftiges Überleben und Innovation zu verwenden. Bei anderen Innovationstätigkeiten erkennen Carnes und Ireland (2013) interessante Zusammenhänge zwischen *Familiness* und den Teilprozessen des Ressourcen-managements. Es hat den Anschein, dass Familien die Erweiterung bestehender Fähigkeiten sowie die als *Enriching* bekannte Ressourcenrekombination fördern. *Enriching* scheint die Vereinigung der beiden Welten von Ressourcenexploitation und -exploration in einem Grad zu ermöglichen, der der Sorge der Familie in Bezug auf die Sicherung des sozio-emotionalen Wohlstands entspricht. Abbildung 3 zeigt den Einfluss der Familie auf Innovation und den Erhalt des sozio-emotionalen Wohlstands.

Abbildung 3: Der Einfluss der Familie auf Innovationen und Erhalt des sozio-emotionalen Wohlstands

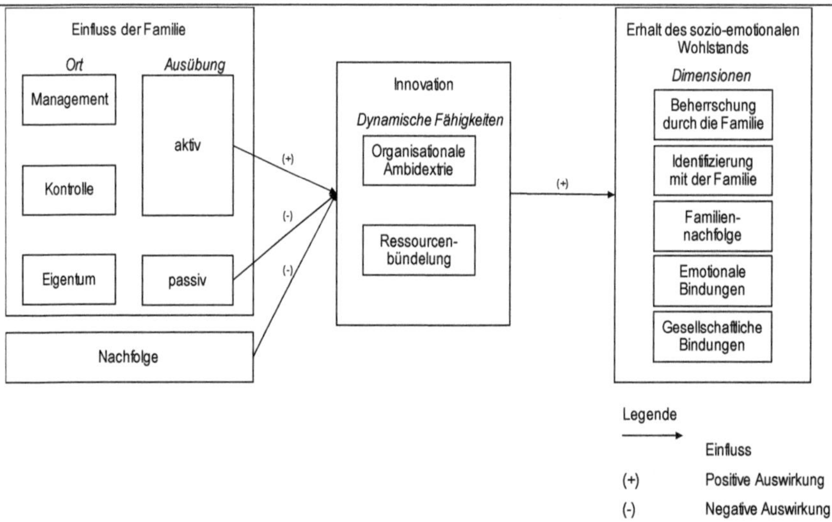

2.3 Ergebnisse der Fallstudien

Da sich die Diskussion noch in der Anfangsphase befindet, besteht noch Bedarf an weiterer Theoriebildung im Bereich der Geschäftsmodellinnovation in Familienunternehmen. Um ein Verständnis für diese Thematik zu entwickeln, wird ein qualitativer Ansatz gewählt. Somit werden sieben erfolgreiche Unternehmensfälle untersucht. Zum Aufbau dieser Fälle wurden die Unternehmen entweder persönlich besucht oder mit dem Gesprächspartner telefonisch gesprochen und Tiefeninterviews geführt.

2.3.1 Prozess der Geschäftsmodellinnovationen

Augenscheinlich geht es bei der Geschäftsmodellinnovation stark um Wahrnehmung von Gelegenheiten. Hierzu werden externe bzw. interne Gelegenheiten analysiert und entsprechende Beispiele gegeben. Gelegenheiten, die innerhalb des Unternehmens entstehen, können sogar noch weiter in potenzialmaximierende und risikominimierende Gelegenheiten eingeteilt werden.

Zuerst wird das Verfahren zur Durchführung von Experimenten mit bestimmten Elementen des Geschäftsmodells weiter eingegangen. Die Planung der Experimente kann anhand verschiedener Dimensionen festgelegt werden. Zunächst muss ein solches auf die erwarteten Datenwerte ausgerichtet werden. Eine zweite wichtige Dimension ist die Effizienz, mit der die Experimente durchgeführt werden. Drittens ist zu berücksichtigen, dass nur ein einziger Blickwinkel häufig zu einem verzerrten Ergebnis führt, das nicht nur das Risiko birgt, dass Aspekte falsch priorisiert werden, sondern ein Prototyp kann sogar unvollständig sein, so dass ein eigentlich wichtiger Aspekt übersehen wird. Interdisziplinarität wird daher zu einer Notwendigkeit. Und schließlich ist den Angaben der Befragten zufolge die richtige Einstellung in Bezug auf die Entscheidungsfindung ein entscheidender Bestandteil erfolgreicher Experimente. Bei Experimenten werden Anpassungen schnell und kontinuierlich durchgeführt. Daher erklärt ein befragter Geschäftsführer, dass „es besser ist, falsche Entscheidungen als gar keine Entscheidungen zu treffen. Denn dann macht man gar nichts richtig. Jedenfalls ist Untätigkeit zum Scheitern verurteilt."

Neue Fähigkeiten können entweder durch interne oder externe Ressourcen geschaffen werden. „Es reicht nicht mehr aus, im verschlossenen Kämmerlein zu sitzen", versicherte ein Befragter. Ein anderer begegnete der Problematik, dass „die zusätzliche Wertschöpfungskette nicht so weit fortgeschritten war, mit dem Eingehen von Partnerschaften mit Zulieferern." Bei der offenen Innovation schließen Partner nicht nur Zulieferer ein, sondern auch Universitäten und Kunden-Communities. Es ist zu beobachten, wie die Unternehmen ihre bestehenden Fähigkeiten durch vorhandene Ressourcen erweitern. Dadurch kann eine Geschäftsmodellinnovation stark von Synergieeffekten mit dem herkömmlichen Geschäftsmodell profitieren. So kann ein Unternehmen bei der Einführung neuer Verfahren beispielsweise auf bestehenden Anlagen aufbauen, wodurch sich die Höhe der Investition wiederum verringert. Dies bestätigt auch ein weiterer Interviewpartner: „Wir können die Hochtechnologie aus unserer Arbeit mit Marineschiffen benutzen, um den Markt für Luxusyachten zu erschließen."

2.3.2 Organisatorische Bedingungen

Die Analyse der Interviews zeigt, dass insbesondere die beiden Dimensionen der dynamischen Fähigkeiten sowie der Ressourcen den allgemeinen Erfolg der Geschäftsmodellinnovation bestimmen.

Den untersuchten Unternehmen ist das Konfliktpotenzial von zwei unter einem Dach befindlichen Geschäftsmodellen weitgehend bekannt, und es bereitet ihnen Sorge. Für die meisten Geschäftsführer ist es vernünftig, einen solchen Konflikt zwischen einem unverbrauchten und herausfordernden Modell mit seinem bestehenden, eingeführten Gegenstück zu vermeiden. Einige argumentieren, dass es ergänzende Geschäftsmodellinnovationen gibt, die keine direkte Bedrohung für die bestehenden darstellen. Zur Warnung sei jedoch gesagt, dass es sich in naher Zukunft erweisen könnte, dass diese als ergänzend angesehenen Modelle die Bestehenden ruinieren.

Daher ist es verständlich, dass Führungskräfte der Vermittlung zwischen dem alten und dem neuen Geschäftsmodell große Bedeutung zukommen lassen. Viele Befragte erwähnen auch verschiedene Maßnahmen, um diesen Stand der organisationalen Ambidextrie zu erreichen, bei der beide Geschäftsmodelle nebeneinander bestehen oder sogar zusammenwirken können. Vor allem werden Strukturmaßnahmen sowie Änderungen des Belohnungssystems genannt.

Eine Möglichkeit im Bereich der Strukturmaßnahmen ist die Errichtung eines Ausgründungsunternehmens aus dem neu entstandenen Geschäftsmodell. Durch die äußerliche und rechtliche Distanz zwischen den betreffenden beiden Rechtseinheiten kann erreicht werden, dass viele Spannungen abgebaut werden. Ein Befragter führte eine Änderung an dem Provisionssystem ein, so dass jeder für die Akquise eines Kunden belohnt wird. Er erklärt, „die Konflikte mit Geld beigelegt" zu haben.

„Es dreht sich immer um die Menschen". In allen befragten Unternehmen stellte sich heraus, dass Mitarbeiter die wertvollste Ressource bei der Geschäftsmodellinnovation sind. In Zeiten sich rasch verändernder Umfelder wird Kompetenz in bestimmten Bereichen ebenfalls schnell ein Thema. In Zeiten, in denen Branchen verschmelzen und neue Wettbewerber mit scheinbar entfernten Kernmärkten auf den Markt kommen. Die Befragten geben an, dass sie auf laterales Denken und eine Machereinstellung achten. Genau diese Art von Unternehmenserneuerern wollen Geschäftsführer einstellen.

Neben dieser wichtigsten Ressource für die Geschäftsmodellinnovation stellen mehrere Befragte klar heraus, dass auch die Produktinnovation ein zur Geschäftsmodellinnovation führender Auslöser sein kann. Die Technologie wird im Allgemeinen als wichtiger Wegbereiter für die Entwicklung von Geschäftsmodellen angesehen.

Die Einführung einer Innovationskultur im Unternehmen ist eindeutig fördernd und wird mit enormem Eifer verfolgt. Ihr Vorteil ist natürlich, dass der Schwerpunkt der Innovation mit einer verbesserten organisationalen Ambidextrie einhergeht. Genauer gesagt haben die Befragten „leistungsorientierte Spielwiesen" vor Augen, „um die bestmöglichen Arbeitsbedingungen zu schaffen" und den Mitarbeitern Raum zur Entfaltung zu geben.

2.3.3 Auswirkungen des Einflusses der Familie

Neben Wachstum und Gewinnmaximierung als Antriebskraft für die tagtägliche Arbeit nennen die Befragten zahlreiche andere, weniger finanzielle Motive. Jene können in Motive, die sich auf die Sorge um andere beziehen, und solche, die dem Eigeninteresse des Geschäftsführers dienen, eingeteilt werden.

Andere von den Dialogpartnern genannte Motive waren zum Vorteil anderer Interessenvertreter des Unternehmens, sowohl intern als auch extern. Wahrscheinlich aufrichtig ist der Wunsch, nach außen zu wirken und Verantwortung gegenüber der Gesellschaft zu übernehmen. Anders ausgedrückt: Der Geschäftsführer interessiert sich für Menschen als potenzielle Kunden, indem er ihnen eine Lösung für ihr Problem anbietet. Ein Geschäftsführer eines befragten Familienunternehmens erklärt es folgend: „Wir stellen nicht bloß Zahnersatz her. Wir erzeugen ein Lächeln auf den Gesichtern der Menschen und geben ihnen ihr Selbstwertgefühl zurück.“ Schaut man sich die internen Interessengruppen an, so leitet dieser Geschäftsführer seine Motivation von der Schaffung von Wohlstand ab, den seine Kinder vererben können, um eine bessere Zukunft zu haben. Er erklärt, dass sein Unternehmen „seit zig Generationen“ existieren würde. Ein weiterer Faktor, der gewöhnlich erwähnt wird, ist die Schaffung eines Arbeitsplatzes, an dem die Mitarbeiter sich selbst verwirklichen können oder zumindest das Geld verdienen können, um ihre Familien angemessen zu unterhalten.

Die von der Familie eingebrachten Ressourcen können in immaterielle und materielle Ressourcen eingeteilt werden. Ein immaterieller Aspekt, der schnell offenbar wurde, sind langer Atem und Ausdauer, die ein Familienunternehmen unter Beweis stellt, sobald es entschieden hat, eine bestimmte Geschäftsmodellinnovation zu verfolgen. Ein Geschäftsführer, der gleichzeitig ein Hauptkapitaleigner ist, äußert dazu: „Was wir gemacht haben, wäre in einer börsennotierten Gesellschaft unmöglich gewesen. Von Quartalsberichten getrieben, hätten sie das Projekt viel früher aufgegeben.“

Zudem weisen Führungskräfte auf die Bedeutung eines persönlichen Netzwerkes hin, das durch die Familie eingebracht wird. Vor allem könnte es sich, wenn die Geschäftsmodellinnovation auf ein bestimmtes Kundensegment gerichtet ist, bei diesen privaten Kontakten um Kunden handeln. Außerdem können persönliche Kontakte zu anderen eigentümergeführten Unternehmen den eigenen Horizont dahingehend erweitern, wie andere Unternehmen ähnliche Herausforderungen meistern, und somit auch die Betriebsführung betreffende Gründe haben.

Darüber hinaus verwiesen die Führungskräfte auf die Finanzkraft einer Familie, die das Unternehmen im Fall eines Geschäftsrückgangs unterstützen kann. Es ist eine dem Investor ähnliche Rolle, welche die Bedeutung solider Mittel aus der Familie noch hervorhebt.

Der Einfluss der Familie scheint in seiner Intensität je nach Betätigungsfeld zu schwanken. Allgemein gibt es drei unterschiedliche Gremien, in denen die Familienangehörigen vertreten sein können. Dies kann der Vorstand oder die Geschäftsführung, der Aufsichtsrat oder Beirat (soweit vorhanden) und der weite Kreis der Eigentümer sein.

In den befragten Familienunternehmen kam es vor, dass der Geschäftsführer ein Angehöriger der Eigentümerfamilie ist. Zur Struktur ist zunächst zu sagen, dass in zwei Fällen interessanterweise eine Doppelspitze aus zwei Familienangehörigen eingerichtet wurde. In einem Unternehmen handelt es sich um Brüder und in dem anderen um Cousins. Die Interviewpartner in beiden Unternehmen betonten insbesondere, dass dieses Konstrukt ein entscheidender Erfolgsfaktor für die Geschäftsmodellinnovation sei. Sie argumentieren, dass dies einem starken Kontrollmechanismus diene. In beiden Fällen schaffen die beiden gemeinsamen Geschäftsführer ein Gleichgewicht zwischen zwei scheinbar entgegengesetzten Polen. Ein Geschäftsführer fasst dies folgendermaßen zusammen: „Ich bin aggressiv im Bereich Marketing und Verkauf, während mein Bruder sich auf die Tätigkeiten im Bereich Fertigung konzentriert." Der Geschäftsführer eines anderen Familienunternehmens argumentiert ähnlich begeistert: „Ich bin ganz klar kreativer und risikofreudiger, was manchmal gefährlich sein kann. Mein Cousin ist dagegen ein Zahlenliebhaber und der absolute Finanztyp. Die Kombination ist einfach perfekt. Es funktioniert wirklich sehr gut bei uns." Beide Geschäftsführer erwähnen das Potenzial gegenseitiger Ergänzung und merken an, dass ein Geschäftsführer, der beide Pole in sich vereinbart, äußerst selten ist.

Der Beirat ist häufig ein Ausschuss, in dem Sachverständige und Familienangehörige nebeneinandersitzen. Die Kompetenzen dieser Räte unterscheiden sich je nach Rechtsform. In einer Unternehmensgruppe ist der Rat weitreichend in strategischen Fragen involviert und ernennt auch den Geschäftsführer. Andere Räte besitzen eine beratende Funktion innerhalb des Familienunternehmens und haben keine tatsächliche Macht. Es gibt Familienunternehmen, die keine Notwendigkeit sehen, überhaupt einen Rat zu haben, da dessen Bestellung bei Gesellschaften mit beschränkter Haftung freiwillig ist.

Nach der Untersuchung der beiden leitenden und kontrollierenden Gremien, die aktiv involviert sind, möchte ich mit einigen Anmerkungen zum Kreis der übrigen Familienangehörigen zum Abschluss kommen. Das sind, mit anderen Worten, die übrigen Anteilseigner. Die geschäftsführenden Eigentümer stimmen grundsätzlich überein, dass diese Gruppe in der Tat ein eher passives Gremium ist. Es kann eine Barriere für die Geschäftsführung sein, wenn sie keine Unterstützung erfährt.

2.4 Diskussion

Zunächst ist darauf hinzuweisen, dass dieses Unterkapitel die Ergebnisse in Zusammenhang mit den bestehenden Erkenntnissen betrachtet und auch Theorievorschläge herausstellt. Diese werden aus Übereinstimmungen zwischen der entsprechenden Literatur und den Ergebnissen der Analyse abgeleitet. Außerdem werden Wissenslücken und Vorschläge zu deren Schließung hervorgehoben. Im dritten Abschnitt dieses Kapitels wird die Theorie zur Praxis, und es werden Schlüsse zu den Auswirkungen dieser Arbeit auf die Praxis gezogen. Da diese Arbeit und insbesondere ihre Methodik nicht frei von Limitationen ist, werden diese am Ende dieses Kapitels ebenfalls erwähnt und erörtert.

2.4.1 Gegenüberstellung von Ergebnissen und Literatur

Die Analyse der acht durchgeführten Befragungen mit den Geschäftsführern und Führungskräften von sieben deutschen Familienunternehmen ist der Versuch, das Gesamtbild der Geschäftsmodellinnovation unter Familieneinfluss festzuhalten, welches in Abbildung 4 dargestellt wird.

Die Erkenntnis, dass das Vermögen, zwei potenziell gegenläufige Geschäftsmodelle unter einem Dach zu tolerieren und zu unterstützen, für ein Familienunternehmen lebenswichtig ist, geht aus einer

Reihe von Studien auf diesem Gebiet hervor. Organisationale Ambidextrie und Unternehmenskultur gehen Hand in Hand. Es wurde festgestellt, dass die Organisationskultur enorm wichtig ist, da sie von der Führungsspitze als Katalysator und Vermittler zur Verfolgung von Innovationsaktivitäten wird.

Abbildung 4: Übersicht der Ergebnisse

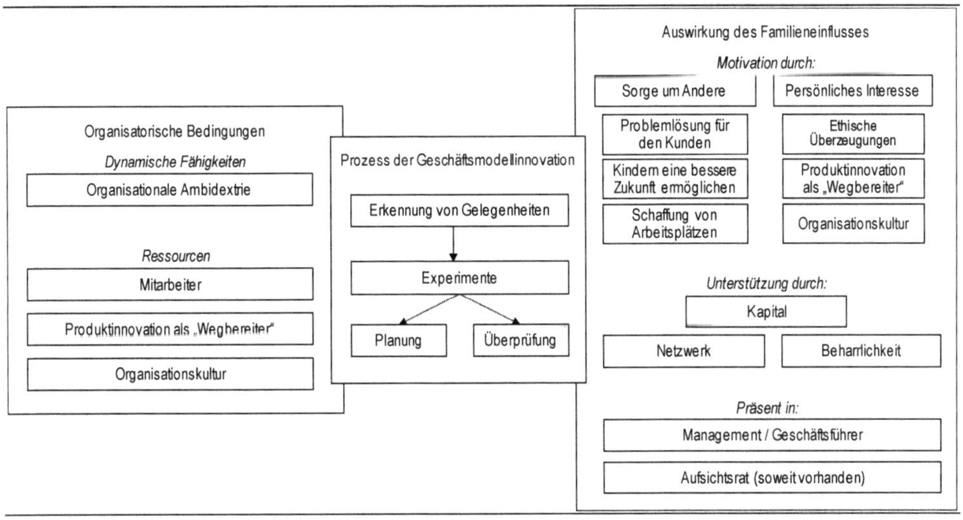

Die Tatsache, dass Geschäftsmodellinnovation, wie von den Befragten weitgehend betont, in erheblichem Maße durch Gelegenheiten vorangetrieben wird, ist ein weiteres Ergebnis der Analyse. Dies stimmt mit der Studie von Hargadon (2015), Euchner und Ganguly (2014), Osterwalder und Pigneur (2009) sowie Zahra et al. (2004) überein. Außerdem dienen Prozesse zur Ressourcenbündelung der Formalisierung der Fähigkeiten erzeugenden Prozesse, wodurch das Experiment erweitert wird.

Ein weiteres vorhandenes Konzept, dessen Beweis durch die Interviews erbracht werden konnte, ist der sozio-emotionale Wohlstand. Auf Nachfrage haben die Befragten bestimmte, für sie wichtige, nicht-wirtschaftliche Ziele genannt. Nach einzelnen Kategorien setzt sich die Motivation aus ethischem Verhalten, Auswirkung auf die Gesellschaft, Erhalt des Familienwohlstands und Verantwortung für die Mitarbeiter zusammen. Diese Äußerungen entsprechen genau dem von Gomez-Mejia et al. (2007) geprägten Begriff des sozio-emotionalen Wohlstands.

Darüber hinaus kann die Erkenntnis bestätigt werden, dass Familien erhebliche Ressourcen zugunsten der Geschäftsmodellinnovation und der allgemeinen Innovation in Familienunternehmen einbringen. Zuletzt haben Hatak et al. (2016) die Auswirkungen von familienspezifischen Ressourcen auf die Innovationskraft des gesamten Unternehmens beschrieben. Miller, Wright, Le Breton-Miller, und Scholes (2015) nennen ebenfalls bestimmte Ressourcen und klassifizieren diese nach den Kategorien Personal, Gesellschaft, Finanzen und Unternehmensführung.

Aus den Gesprächen konnte nicht hergeleitet werden, dass Familienunternehmen risikoscheuer sind als ihre Pendants in großen Unternehmensgruppen, wie Wissenschaftler es häufig angeben (Block, 2012; Miller, Le Breton-Miller & Lester 2011; Zahra et al., 2004). Dagegen wurde im Einklang mit den

Ergebnissen von Sarasvathy (2001) bzgl. der Ausführung festgestellt, dass die Geschäftsführer von Familienunternehmen ein gewisses Maß an Risiko eingehen, und dieses stetig überprüfen und verbessern.

2.4.2 Praktische Implikationen

Eine wichtige Implikation dieser Arbeit für Praktiker ist es, Möglichkeiten zur Erkennung von Gelegenheiten zu entwickeln, anstatt zu viel Zeit auf die Entwicklung angemessener Strategien zur Innovation des Geschäftsmodells zu verwenden. Gelegenheiten können sich auf unterschiedliche Art und Weise bieten und haben unterschiedliche Ursprünge. Zum Beispiel könnten Geschäftsführer ihre Mitarbeiter zu lateralem Denken und zur Äußerung ihrer Ideen ermutigen. Es ist nicht allein Aufgabe des Geschäftsführers, radikale wegweisende Ideen zu haben. Wird dies dagegen zur Aufgabe aller, könnten sich viele Gelegenheiten ergeben. Eine weitere Möglichkeit, die sich aus den Gesprächen ergibt, ist es, seinen eigenen moralischen Kompass auszurichten, um festzustellen, ob das Unternehmen noch immer in eine mit den eigenen persönlichen Werten in Einklang stehende Richtung geht. Ansonsten muss sich der Vorstand bzw. die Geschäftsführung auf die Marktentwicklungen und neue Technologien konzentrieren, die das Potenzial besitzen, das bisherige Geschäftsmodell, möglicherweise auf gänzlich unkonventionelle Art und Weise, abzuschaffen. Die für deren Umsetzung erforderliche Zeit ergibt sich dann, wenn nicht zu viel davon auf die Entwicklung ungeeigneter Strategien verwendet wird.

Zudem müssen Führungskräfte an der Durchsetzung einer innovationsorientierten Unternehmenskultur arbeiten. Die Fälle der Befragten sind Beweis für eine aktivere Mitarbeiterbeteiligung, durch die sich die Erfolgswahrscheinlichkeit der Geschäftsmodellinnovation erhöht. Eine positive Unternehmenskultur hat das Potenzial, die gedankliche Barriere in Bezug auf die Geschäftsmodellinnovation zu überwinden. Sie dient ebenfalls als Grundlage zur Einführung der organisationalen Ambidextrie. Diese Unternehmenskultur muss von oben nach unten praktiziert werden. Es gibt eine umfangreiche Literatur dazu, wie eine solche Kultur genau durchgesetzt werden kann.

Außerdem ist ein Unternehmen, indem es auf eine fehlerfreie Konzeption der Experimente für einzelne Bestandteile eines Geschäftsmodells Wert legt, in der Lage, deren Effektivität zu steigern und Informationen zu erhalten, aus denen es Handlungen ableiten kann. Andernfalls können Experimente fehlerbehaftete Ergebnisse liefern, auf die dann irreführende Handlungen folgen. Von Führungskräften zu Beginn einer Reihe von Experimenten zu berücksichtigende Faktoren sind Zielsetzung, Eingliederung in die Organisationsstruktur und Maß an Flexibilität. Es gibt natürlich eine Reihe an Instrumenten, die für die Durchführung von Experimenten zur Verfügung stehen. Dazu gehören Umfragen, Computersimulationen, Fokusgruppen oder Feldversuche. Diese Liste ist bei Weitem nicht vollständig und auch in Bezug auf diese Fragestellung haben viele Wissenschaftler die Angelegenheit im Zusammenhang mit der Produktentwicklung untersucht.

Der Geschäftsführer sollte sich in erster Linie um seine Mitarbeiter kümmern, anstatt Geschäftsmodellexperimente oder sogar deren Markteinführung angemessen zu finanzieren. Wie von vielen Geschäftsführern angegeben, ist die Verwaltung und Entwicklung der Mitarbeiter bei der Geschäftsmodellinnovation entscheidend. Dies mag auf andere Arten der Innovation nicht zutreffen. Folglich sollten Führungskräfte, wenn sie eine Gelegenheit sehen, die das Potenzial für eine Geschäftsmodellinnovation hat, Maßnahmen ergreifen, indem sie die richtigen Personen einsetzen oder geeignete Mitarbeiter einstellen. Während der Durchführung des Projekts müssen diese Mitarbeiter beraten werden, Gehör finden und gefördert werden. Abbildung 5 stellt praktische Implikationen übersichtlich dar.

Abbildung 5: Praktische Implikationen

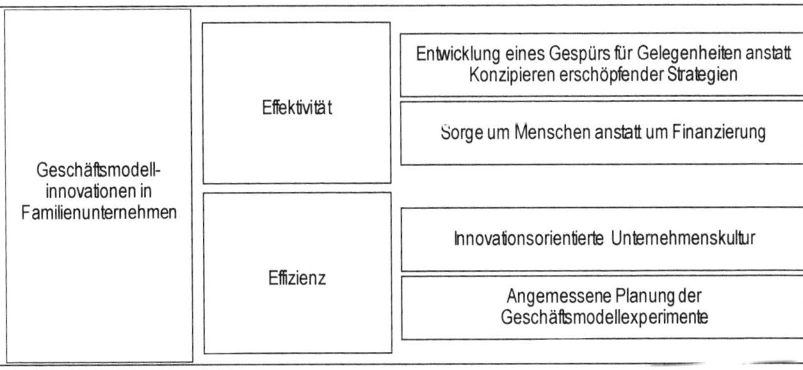

2.5 Schlussbemerkung

Ziel dieser Arbeit ist es, die beiden aus der Literatur hervorgehenden Strömungen miteinander zu vereinen. Die Arbeit greift auf wissenschaftliche Arbeiten aus dem Fachbereich Innovationsmanagement und aus dem Bereich Familienunternehmensforschung zurück. Die Anwendung von Tiefeninterviews als Forschungsmethode in insgesamt sieben Unternehmen zielte darauf ab, die Durchführung der Geschäftsmodellinnovation in Familienunternehmen genauer zu betrachten. Die Entwicklung neuer Produkte allein ist nicht mehr ausreichend. Diese Arbeit beabsichtigte, die Prozesse der Geschäftsmodellinnovation, die organisatorischen Bedingungen sowie den Einfluss der leitenden Familie genauer zu betrachten. Im Hinblick auf die Verbreitung des Geschäftsmodellkonzepts müssen jedoch weitere Anstrengungen unternommen werden, da das Verständnis des „Leading-Edge"-Konzepts im strategischen Management der leitenden Führungskräfte in den Familienunternehmen noch zu oberflächlich ist. Zudem deckt die Arbeit Forschungslücken für zukünftige Studien auf. Die Forschung im Bereich der Geschäftsmodellinnovation befindet sich noch in der Anfangsphase, und es kann erwartet werden, dass in den kommenden Jahren viele weitere wertvolle Erkenntnisse erlangt werden.

Abschließend ist zu betonen, dass die Entwicklung von Geschäftsmodellen oder zumindest die Übernahme eine Geschäftsmodellperspektive im strategischen Management sowohl für den kurzfristigen als auch den langfristigen Erfolg von Familienunternehmen entscheidend ist.

Johanna Schmitz-Peiffer

3 Outlet Stores

Eine Gefahr für Familien-unternehmen der Region?

3.1 Einleitung

Im Zusammenhang mit Lebensmittelskandalen ist die Betitelung der westlichen Gesellschaft als Wegwerfgesellschaft schon lange geläufig. Doch auch im Textilkonsum findet diese Bezeichnung mittlerweile Anklang. Da die Mode von heute sehr variablen Trends unterliegt und somit starke saisonale Unterschiede zeigt (Lausberg, 2002), muss auch der Kunde, falls er diesen Trends gerecht werden möchte, seine Garderobe Saison für Saison erneuern. Dem Statistischen Bundesamt (2013) zufolge geben Privathaushalte im Monat 119 Euro für Bekleidung und Schuhe aus. Bei durchschnittlich zwei Bewohnern pro Haushalt sind das knapp 60 Euro je Bundesbürger. Das ist nicht gerade viel, denkt auch Anette-Louise Hirmer (2015), welche die Konsumausgaben der Deutschen auf einem sehr niedrigen Niveau sieht. Doch wie ist es möglich immer mehr zu haben, aber gleichzeitig weniger dafür auszugeben? Diese Entwicklung führt zu einem starken Preis- und Verdrängungskampf im Textilhandel unter welchem insbesondere kleine, inhabergeführte Geschäfte leiden.

Im Einzelhandel, im Speziellen in der Modebranche, lassen sich diverse solcher Familienbetriebe finden. „So sind von den zehn größten Textileinzelhändlern bzw. Multi-Label-Anbietern aus dem Textilfachhandel in Deutschland 100 bzw. 70 Prozent in Familienbesitz“ (Hirmer, 2015, S.8). Diese Zahlen reflektieren nicht nur die Bedeutsamkeit von Familienunternehmen im Textilhandel, sondern auch ihre Wichtigkeit für die gesamte deutsche Wirtschaft. Da sich die große Mehrheit der Unternehmen in der deutschen Privatwirtschaft in Familienhand befindet (Gottschalk, Doherr, Eckert, Licht & Niefert, 2011), entfallen mehr als 50% der Bruttowertschöpfung der Bundesrepublik auf diese (Woywode & Tänzler, 2012). Die meisten Familienunternehmen sind vor mehreren Generationen gegründet worden und entstammen daher der Idee des klassischen Einzelhandels. Dieser musste sich allerdings, bedingt durch gesellschaftliche Entwicklungen, Konsumveränderungen und technologische Innovationen in den letzten Jahrzenten neu aufstellen (Beermann & Leuninger, 1998). Bedingt durch diese Trends haben sich zudem vollkommen neuartige Betriebsformen herausgebildet.

Eine dieser Betriebsformen erlebt seit dem Jahr 2011 in Deutschland einen bemerkenswerten Aufschwung (Kramer, 2011), denn seither reihen sich neben traditionellen Boutiquen und Geschäften größerer Bekleidungsketten mehr und mehr Outlet Stores ein. Das Angebot von Altware und Überhängen macht es möglich, Designerware zu Schnäppchenpreisen zu ergattern. Ein einfaches Konzept, welches bei den Kunden Anklang findet (Nowici & Probe, 2013). Doch auch für Investoren sind die Einkaufsparadiese längst von hoher Bedeutung und bilden eine eigene Asset-Klasse (ecostra, 2012). So entstanden in den letzten Jahren nicht nur einzelne Outlet Geschäfte, sondern ganze Einkaufsstädte mit angrenzenden Themenparks, welche Factory Outlet Center (Factory Outlet Center) genannt werden.

Der Trend hin zu Factory Outlet Center ist in Europa bereits zur verbreiteten Betriebsform geworden. Nach dem Vorbild aus den USA wurde das erste Outlet Center vor knapp dreißig Jahren in Frankreich eröffnet (Will, 2013). Im Jahr 2014 ließen sich bereits 157 Center in 26 europäischen Ländern zählen, wobei sich von diesen nur vier in Deutschland befanden (Humphers, 2014). Dieser Trend setzte sich fort. Während sich für den englischen, italienischen, österreichischen und schweizerischen Markt bereits Sättigungstendenzen zeigen (Will, 2012), bildet Deutschland mit derzeit zwölf Factory Outlet Center das Schlusslicht im direkten Vergleich der Westeuropäischen Staaten (Statista.com, 2016). Eine Übersicht der zurzeit betriebenen Outlet Center ist in Anhang 1 zu finden. Die Hauptgründe für die zurückgebliebene Entwicklung von Factory Outlet Center in Deutschland sind komplizierte Rechtsgrundlagen und Regulierungen, welche von dem jeweiligen Bundesland eigenhändig geregelt werden (Kramer, 2011). Dennoch steht Deutschland im Fortschritt der „Outletisierung“ bei Marken und Investoren hoch im Kurs (Nowici & Probe, 2013). Gemessen am gestiegenen Gehalt der Deutschen, der Größe des Landes und der hervorragenden wirtschaftlichen Lage rückt die Bundesrepublik immer mehr in den Fokus der Investoren (Kramer, 2011). Laut der Gesellschaft für Markt- und Absatzforschung mbH (2015) sind derzeit neun weitere Projekte für die Bundesrepublik in Planung.

Der Aufschwung der Outlets macht vielen Einzelhändlern Angst. Es wird von einer verbreiteten Markenaffinität (Will, 2013) und einem immer stärker ausgeprägten Preisbewusstsein der Kunden gesprochen (Nowici & Probe, 2013). Da kommt das Angebot der Factory Outlet Center gerade recht. Doch was bedeutet diese Entwicklung für traditionelle Familienunternehmen im Textilhandel? Können Sie mit dem Preis-Leistungs-Verhältnis der Factory Outlet Center mithalten? Oder müssen altansässige und regionale Geschäfte um ihre Kunden bangen und mit finanziellen Verlusten rechnen? Die vorliegende Arbeit möchte diesen Fragen auf den Grund gehen und erörtert die Auswirkungen eines Factory Outlet Center auf umliegende Familiengeschäfte am Beispiel der Region Koblenz/Montabaur.

3.2 Forschungsfragen und Ziel der Arbeit

Um eine umfassende Prüfung der Auswirkungen von Factory Outlet Center auf Familienunternehmen zu gewährleisten, werden der Arbeit drei Forschungsfragen zu Grunde gelegt:

1. Betrachten Familienunternehmen Factory Outlet Center tatsächlich als Gefahr?
2. Inwiefern unterscheidet sich die von Factory Outlet Center ausgehende Gefahr für Familienunternehmen und Nicht-Familienunternehmen?
3. Welche Maßnahmen erheben Familienunternehmen, um der durch Factory Outlet Center entstehenden Gefahr entgegenzuwirken?

Ziel der Arbeit ist es, die drei Forschungsfragen detailliert zu beantworten. Die Erkenntnisse sollen zu einer konstruktiven Einschätzung der Auswirkungen von Factory Outlet Center auf den Einzelhandel, insbesondere auf Familienunternehmen, dienen. Da sich die gegenwärtige Forschung auf die Einflüsse auf den Einzelhandel im Gesamten beschränkt, strebt die Arbeit die Analyse eines unerforschten Teilgebiets an. Zudem soll die Arbeit die bisherigen Forschungserkenntnisse weiterführen, da diese aufgrund der Neuheit des Konzepts Factory Outlet Center und der damit zusammenhängenden zeitlichen Begrenzung auf nur wenigen Erfahrungsberichten beruhen. Zuletzt soll die Arbeit als eine Art Leitfaden für betroffene Unternehmen dienen, indem sie mögliche Vorgehensweisen gegen die Konkurrenz der Outlet Center aufzeigt.

Dabei beschränkt sich die Arbeit auf die Region Koblenz/Montabaur. Hierbei werden Auswirkungen des Fashion Outlet Montabaur auf umliegende Familienunternehmen ergründet.

3.3 Literaturanalyse

Um eine Einführung in die Themenbereiche Familienunternehmen und Factory Outlet Center zu geben und die Verbindung dieser zu durchleuchten, werden Ergebnisse aus wissenschaftlichen und literarischen Veröffentlichungen zusammengetragen. Dies ermöglicht ein grundlegendes Verständnis für die Thematik der Arbeit. Zudem dienen die in der Literatur genannten Ergebnisse als Vergleichspunkt für die empirische Studie.

3.3.1 Factory Outlet Center und Familienunternehmen im Spannungsfeld

In der Literatur wird das Spannungsfeld zwischen Factory Outlet Center und Familienunternehmen im Textilhandel beschrieben. Laut Will (2012) sind Outlet Center die bislang einzige Handelsimmobilie, welche den Einzelhandel als Vertriebsstufe vollends hinfällig machen könnte. Die zunehmende Schnittmenge des Warenangebots von Factory Outlet Center und klassischem Einzelhandel spricht für eine solche Entwicklung (Heinritz & Rauh, 2000). So sei beispielsweise in der Qualität der Waren kein Unterschied mehr zu erkennen. Gerade durch diese Überschneidung ist mit finanziellen Verlusten für den innerstädtischen Einzelhandel zu rechnen (Beermann & Leuninger, 1998). Aus Angst vor den Auswirkungen sagt der Einzelhandel den Outlet Centern den Kampf an (ecostra, 2012).

Zwar hat der gesamte deutsche Textilhandel mit dem verstärkten Verdrängungswettbewerb zu kämpfen, doch sind familiengeführte Betriebe im Besonderen betroffen, da sie zunehmend Marktanteile an Filialisten und Discounter verlieren (Hirmer, 2015). Die Verdrängung der inhabergeführten Einzelhäuser habe, laut Hirmer, vor allem mit den steigenden Mietpreisen in städtischen Toplagen zu tun, welche sich nur noch große Filialisten und Discounter leisten könnten.

Doch nicht alle sehen die Entwicklung der Factory Outlet Center als definitive Bedrohung für den Einzelhandel. Beermann und Leuninger (1998) sehen eine Chance, die Attraktivität der Innenstädte, trotz der Entstehung von Outlet Centern, zu sichern. Hierzu sei es ratsam, Nutzen aus rechtlichen Grundlagen zu ziehen, wonach großflächige Einzelhandelsbetriebe, wie Factory Outlet Center, nur in Sondergebieten erbaut werden dürfen. Auch durch eine Kooperation des Einzelhandels mit anderen relevanten Akteuren könne es gelingen, die Städte wieder attraktiver für Kunden und somit kompetitiver zu machen. Zudem ist es traditionellen Handelsbetrieben zu empfehlen sich durch ihre Erfahrung, insbesondere im Punkt Service, vom Factory Outlet Center abzusetzen (Nowicki, 2010). Mancherorts werden Factory Outlet Center sogar als strategische „Frequenzbringer“ erbaut, um die Städte wieder attraktiver zu machen und vor der Verödung zu retten (Nowicki, 2015b; Nowicki & Crescenti, 2016). Ein Bespiel hierfür ist das City Outlet Bad Münstereifel, bei welchem der Stadtkern zum Outlet Center umgebaut wurde (Nowici & Probe, 2013).

Ecostra untersuchte 2012 die Frage nach den tatsächlichen Auswirkungen der Factory Outlet Center auf den Einzelhandel. Die Ergebnisse zeigen, dass die Sportartikelhändler mehr unter den Outlet Stores leiden als die allgemeine Textilindustrie. Weitergehend erklärt die Beratung, dass die direkte Städtegemeinde mehr betroffen sei als umliegende Gemeinden. Insgesamt kann allerdings kein Zusammenhang zwischen den vermehrten Leerständen in deutschen Innenstädten und dem Trend der Factory Outlet Center nachgewiesen werden (ecostra, 2012). Dies bestätigen auch gutachterliche Stellungnahmen (Heinritz & Rauh, 2000). Andersherum lassen sich allerdings auch keine positiven Effekte durch eine erhöhte Kundenfrequenz in den Städten feststellen (Nowicki & Crescenti, 2016).

3.3.2 Das Fashion Outlet Center Montabaur

Auf Grund der Novität des Konzepts Factory Outlet Center in Deutschland sind diese Ergebnisse noch nicht ausgereift und gerade für neuentstandene Center ist es schwierig, eine Prognose aufzustellen. Eines der neusten Factory Outlet Center in Deutschland ist das Fashion Outlet Montabaur. Seit Juli 2015 ist das Outlet Center in Montabaur in Betrieb. Mit insgesamt 56 Geschäften auf ca. 14.000 qm Verkaufsfläche gehört es zu den kleineren deutschen Outet Centern (Humphers, 2016). Nach der Eröffnung, zu welcher 15.000 Besucher kamen, zeigte sich das Centermanagement sehr zufrieden (Lahnstein, 2015). Auch fünf Monate nach Betriebsstart ist Stable International, der niederländische Betreiber, positiv gestimmt (Humphers, 2016). Die Umsätze seien zu diesem Zeitpunkt rund 20% höher als erwartet. Das Fashion Outlet Montabaur ist im ICE-Park Montabaur angesiedelt und profitiert von dieser Lage. Dies liegt nicht nur am Fernverkehr, sondern insbesondere auch an der direkten Anbindung an die A3, welche mit einer Frequenz von 165.000 Fahrzeugen täglich die zweitmeist befahrene Autobahn Deutschlands ist und die beiden Großstädte Köln und Frankfurt verbindet (Lahnstein, 2015). Das Stadtzentrum ist innerhalb von sieben Minuten zu Fuß zu erreichen. Durch die Nähe zur Innenstadt erhoffte sich Montabaur diese durch das Fashion Outlet wiederbeleben zu können (Gerth, 2015).

Bis zur Realisierung mussten jedoch einige juristische Hürden genommen werden. Wegen einer in die Mietverträge des Wertheim-Village eingebundenen Radiusklausel geriet Stable International in einen Rechtsstreit mit den Betreibern des baden-württembergischen Outlet Centers (Nowici & Probe, 2013). Da einige in Wertheim ansässige Geschäfte unterschrieben hatten keinen weiteren Outlet Store im Umkreis von 150 km Luftlinie zu eröffnen (Wolf, 2013), und Montabaur diese Entfernung um genau 2,7 km unterbietet (Nowici & Probe, 2013), winkten viele Marken das Angebot aus Montabaur ab. Das Bundeskartellamt entschied, dass die Dimension der Klausel zu groß ist und die Verträge somit gegen das Wettbewerbsrecht verstoßen (Laubach, 2015). Weiterhin wurde entschieden, dass eine solche Klausel nur noch über eine Entfernung von bis zu 50 km zulässig ist (Nowicki, 2015a).

Am Beispiel des Fashion Outlet Montabaur werden die Auswirkungen eines neueröffneten Factory Outlet Center auf den regionalen Textileinzelhandel, im Speziellen auf familiengeführte Unternehmen. Es wurden Interviews mit betroffenen Familienunternehmen durchgeführt.

3.4 Ergebnisse

Es wurden acht Interviews in Familienunterehmen im Einzelhandel durchgeführt, welche im folgenden durch Unternehmen A bis H gekennzeichnet sind. Durch die Interviews wurde eine Liste von sechs Kategorien und zwei Kernkategorien gebildet werden, welche im Folgenden näher erläutert werden.

3.4.1 Ergebnisse der Interviews mit Familienunternehmen

Diese Kategorien konnten den Oberkategorien Wareneigenschaften, Überschneidung Factory Outlet Center & Familienunternehmen, Eigenschaften der Familienunternehmen, Makroperspektive und Marktentwicklung, Kundeneigenschaften und Verfall des Einzelhandels zugeordnet werden, welche in Abbildung 6 dargestellt sind und im Folgenden näher erläutert werden.

Abbildung 6: Überblick der Gesamtauswertung

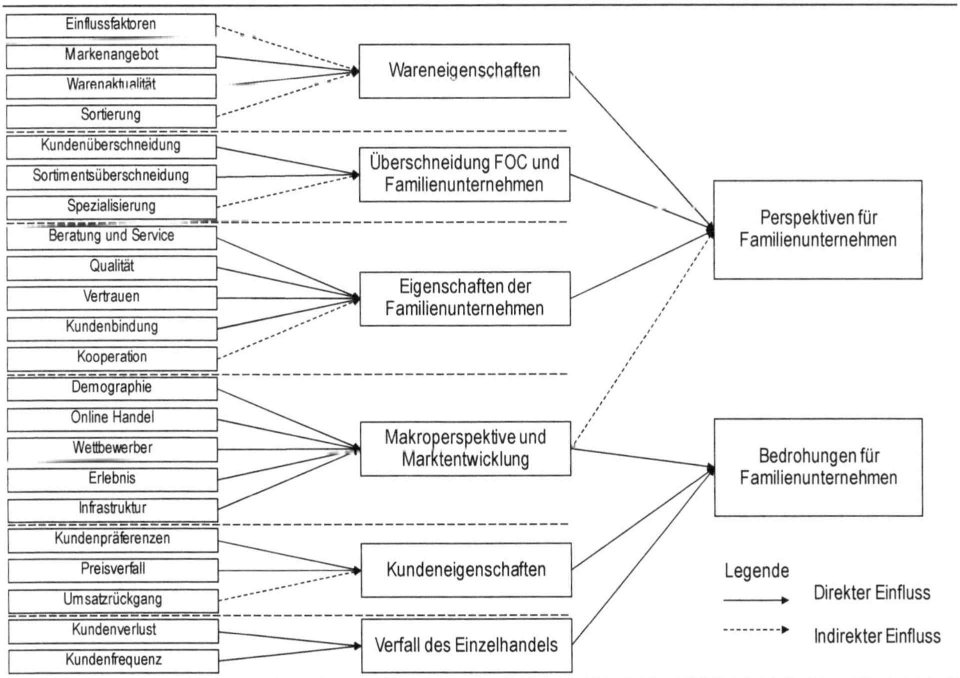

Wareneigenschaften

Die Rubrik Wareneigenschaften umfasst alle Aussagen über die Beschaffenheit der Verkaufswaren im Factory Outlet Center, verglichen mit denjenigen in den Familienfirmen. Da ausnahmslos alle befragten Unternehmen die Konkurrenz des Fashion Outlet Montabaur mit der Vergleichbarkeit bzw. Unvergleichbarkeit der Ware begründen, ist dieser Punkt als erster in der Übersicht dargestellt. Durch die Aussagen wird deutlich, dass eine Vergleichbarkeit der Waren insgesamt nicht gegeben ist. Aufgrund der fehlenden Aktualität der im Fashion Outlet Montabaur angebotenen Waren sehen sich die Einzelhändler/innen im Vorsprung. In diesem Zusammenhang wird deutlich, dass die Verkaufswaren im Fashion Outlet Montabaur als Altwaren oder auch „wirkliche Penner" betrachtet werden. Solch artige Waren werden auch in den Geschäften der Familienunternehmer/innen zu einem vergleichbaren oder auch günstigeren Preis angeboten. Dabei ist es diesen nur wichtig, dass sich auch ihre Kunden über die Unvergleichbarkeit der Wareneigenschaften bewusstwerden. Manche Kunden sind sich darüber im Klaren und berichteten von vergleichsweise hohen Preisen im Factory Outlet Center. Bedingt durch die fehlende Aktualität der Ware sprechen die Familienunternehmer/innen von einem fehlenden realen Preisvorteil, während von einem qualitativen Unterschied der Ware allerdings keiner der Gesprächspartner/innen ausgeht.

Auch das Markenangebot des Factory Outlet Center in Montabaur scheint die befragten Einzelhändler/innen nicht zu beeindrucken. Drei der befragten Unternehmer/innen sprechen sogar von einem schlechten Angebot, welches besonders im Bereich der Exklusivfirmen Lücken aufweist. Zudem ist die Bandbreite der Labels sehr viel geringer als im eigenen Geschäft. Die fehlenden Quadratmeter im Familiengeschäft werden durch die vorherige Sortierung wettgemacht. So stimmen die Einzelhändler/innen die Verkaufsware genau auf den Geschmack ihrer Kunden ab. Möglich ist dies jedoch nur, weil sie den Großteil ihrer Kunden schon seit langer Zeit kennen. Diese Eigenschaft sehen sieben der neun Befragten als einen Vorteil von Familienunternehmen gegenüber Nicht-Familienunternehmen. So sind Familienunternehmen in der Sortimentsauswahl, aber auch im Grad des Mutes höher als Nicht-Familienunternehmen. Auch den Betreibern des Outlet Centers fehlt dieser Mut, was dazu führt, dass das Fashion Outlet Montabaur eine mangelhafte Sortierung und Ordnung aufweist. Diese Aussagen zeigen, dass für Geschäftsleute im Textilhandel die Möglichkeit besteht, sich durch Unterschiede in den Wareneigenschaften von Factory Outlet Center abzugrenzen. Diese Möglichkeit wird als Potenzial für Familienunternehmen identifiziert, um sich zukünftig vor den Auswirkungen zu schützen.

Überschneidungen Factory Outlet Center und Familienunternehmen

Schwierig wird es mit der Vergleichbarkeit der Verkaufswaren allerdings dann, wenn es zu Sortimentsüberschneidungen kommt. Drei der neun befragten Unternehmen führen Marken, welche auch im Fashion Outlet Montabaur angeboten werden. Die anderen sechs zeigen sich froh darüber, dass von ihren Fabrikanten keiner im Fashion Outlet Montabaur präsent ist. Eine der Befragten behauptet, dass im Fall von Markenüberscheidungen eine große Gefahr vom Fashion Outlet Montabaur ausgehen würde. Auffallend ist allerdings, dass durch die fehlende Sortimentsüberschneidung zum derzeitigen Zeitpunkt keine dieser sechs Firmen das Fashion Outlet Montabaur als direkte Konkurrenz betrachtet. Sie können weder einen vermehrten Kundenverlust noch einen gestiegenen Umsatzverlust auf das

Outlet Center zurückführen. Grund dafür ist, dass durch die fehlende Markenüberschneidung auch die Kunden nicht dieselben sind. Demnach denken die Befragten A, B, C, E und I nicht, dass ihre Kunden auch im Factory Outlet einkaufen würden, sind die Kunden des Fashion Outlet Montabaur doch „Schnäppchenjäger" (C) und vorwiegend „junge Leute" (I).

Die drei Unternehmen, welche Überschneidungen mit den vom Outlet geführten Marken aufweisen, zeigen eine andere Reaktion. Alle drei betiteln das Fashion Outlet Montabaur im Laufe des Gesprächs als Konkurrenz. Um sich trotz der Markenüberschneidungen neben dem Fashion Outlet Montabaur behaupten zu können verfolgen die Unternehmer/innen verschiedene Strategien. Unternehmen F, ein Sportgeschäft in Familienhand, hat sich auf den Teamsport spezialisiert und generiert seinen Umsatz zu ca. 70% mit dem Vereinsgeschäft. Für den Teamsport kann das Outlet Center keine Alternative sein, da die Mannschaften zum einen eine Vielzahl derselben Ware brauchen und zum anderen Wert auf die Aktualität der Ware legen. Um sich im Bereich des Vereinsgeschäfts abzusetzen, gehört dem Sportgeschäft von Unternehmer F auch eine Druckerei an, welche es ermöglicht, Teamtrikots etc. vor Ort zu bedrucken. So bekommen die Kunden alles an einem Ort. Wäre der Umsatz des Familienunternehmens allerdings vom Ladengeschäft bestimmt, sähe die Situation anders aus, denn allein vom Ladengeschäft zu existieren funktioniert, dem Familienunternehmer zufolge, heute nicht mehr. Unternehmerin D betont, keine spezielle Strategie wegen des Factory Outlet Center in Montabaur entwickelt zu haben. Der Grund ist schlicht und ergreifend, dass sie das Fashion Outlet Montabaur „bisher nicht als große Baustelle wahrgenommen" hat. Ihrem Kunden gegenüber möchte sie allerdings offen für das Thema sein. So entschied sie, auf Fragen bezüglich des Fashion Outlet Montabaur dem Kunden zu raten, sich selbst ein Bild des Centers zu machen und klarzustellen, dass aus ihrer Sicht kein Grund zur Angst vor dem Wettbewerb besteht. Allerdings erklärt sie weiter, dass sie den Verkauf der mit dem Fashion Outlet Montabaur gemeinsamen Marken ganz besonders beobachtet. Eine von vier Firmen hat sie schon aus dem Sortiment genommen. Auch bei den anderen drei überschneidenden Labels merkt sie einen verstärkten Umsatzrückgang. Auch wenn sie der Umsatzrückgang nicht klar auf das Fashion Outlet Montabaur zurückführen lässt, möchte die Geschäftsinhaberin dieses Risiko zukünftig beschränken, indem sie Marken, welche auch im Fashion Outlet Montabaur verkauft werden, nicht neu in ihr Sortiment aufnimmt. Unternehmer H bestätigt, die Konkurrenz des Fashion Outlet Montabaur insbesondere bei den gemeinsamen Firmen zu bemerken. Auch er hat schon Marken aus dem Sortiment genommen. Allerdings nur unter der Voraussetzung, dass diese Labels sowohl im Fashion Outlet Montabaur als auch im neu eröffneten Shoppingcenter in Limburg geführt werden. Die Strategie der Firma H zielt insbesondere auf das Bewusstsein ihrer Kunden ab. Um seine Kunden an ihren Bezug zur Heimatstadt Limburg zu erinnern, entwarf der Unternehmer Taschen zum Motto Heimatliebe. Die Taschen wurden mit diesem Motto und dem Spruch „I like Limburg" bedruckt und zur Zeit der Eröffnung des Fashion Outlet Montabaur auf den Markt gebracht. Zudem rief das Unternehmen einen Fotocontest ins Leben. Unter der Frage „Was liebst du an Limburg?" konnten Teilnehmer Fotos einsenden und Einkaufsgutscheine gewinnen. Diese Aktionen haben zwar das erwünschte Aufsehen erregt, konnten aber keine Interessenten davon abhalten nach Montabaur zu fahren. Trotz der Einstufung des Fashion Outlet Montabaur als Konkurrent, betonen die Geschäftsleute D und H gelichermaßen, dass Konkurrenz von allem ausgeht wo das Geld ihrer Kunden hinfließt und diesen ein Stück Luxus bietet. Damit sind insbesondere Reisen und gleichwertige Erlebnisse gemeint. Auch Unternehmer F ist der Meinung, dass das Fashion Outlet Montabaur zwar als Konkurrenz angesehen werden sollte, aber keine Bedrohung für sein

Geschäft darstellt. So sind sich alle drei Unternehmen sicher, sich durch ihre Strategie vom nahegelegenen Factory Outlet Center absetzen zu können. Dennoch muss man den Wettbewerb mit dem Center ernst nehmen und diesem mit Respekt begegnen. Demnach ist zu erkennen, dass das Factory Outlet Center in Montabaur von einzelnen Händlern, bedingt durch Markenüberschneidungen, als Konkurrenz, nicht aber als Gefahr, eingestuft wird. Die strategischen Maßnahmen, welche im Fall einer Überschneidung erfolgreich eingesetzt werden, zeigen zudem Potenziale für Familienunternehmen auf.

Eigenschaften von Familienunternehmen

Zur Vergleichbarkeit der Familienunternehmen mit dem Fashion Outlet Montabaur werden allerdings nicht nur die Eigenschaften der Verkaufswaren und deren Markenzugehörigkeit abgeglichen, sondern auch der Umgang und Kontakt mit dem Kunden gegenübergestellt. Eine enge Kundenbindung, so wurde es in ausnahmslos allen Gesprächen deutlich, ist eine Charakteristik von Familienunternehmen. Der Anteil der Stammkunden liegt bei den befragten Unternehmen zwischen 66% und 85%. Diese Eigenschaft ist besonders bei denjenigen Unternehmen stark ausgeprägt, welche die gehobene Altersklasse als Fokusgruppe sehen. Die familiäre Atmosphäre im Geschäft, welche für den Kunden durch die persönliche Bindung geschaffen wird, hat auch wirtschaftlich positive Einflüsse. So betont Unternehmer F, dass „auf dieser persönlichen Schiene“ viele Geschäfte gemacht werden. Wie schon in 4.1.2 angedeutet, ist es ein großer Vorteil für die Familienunternehmen ihre Kundschaft zu kennen. Die Kenntnis über den persönlichen Geschmack der Kunden macht es nicht nur leichter, die passende Ware für den Kunden auszuwählen, sondern ihn zudem besser beraten zu können.

Acht der neun Befragten Unternehmer/innen sind der Meinung, dass die Kunden in Familienunternehmen besser beraten werden als in Nicht-Familienunternehmen. Grund dafür ist, neben der Kundenbindung, die Ausbildung des Personals. Eine der Befragten behauptet, dass in Familienunternehmen keine Aushilfen zu finden seien, sondern vorwiegend Fachpersonal. Zudem betont sie zu wissen, dass sich ihre Mitarbeiter mehr Mühe mit dem einzelnen Kunden geben. Dieser Eindruck kommt auch bei den Kunden an. Es ist wichtig, dass diesem die Ware ehrlich gefällt und es darf nicht etwas aufgeschwatzt werden, nur, weil die Angestellten den Druck haben, etwas verkaufen zu müssen. Aus diesem Grund gibt die Geschäftsinhaberin ihren Mitarbeitern mehr Freiheiten und bezeichnet die Beziehung zu diesen als freundschaftliches Verhältnis. Die Mehrheit der Familienunternehmer/innen stimmt zu und nennt das Mitarbeiterverhältnis als Differenzierungspunkt zu Nicht-Familienunternehmen. „Man trägt seine Sorgen und man trägt auch seine Freuden“, erklärt Familienunternehmerin C. Diese Umgangsweise unterstützt nicht nur das Vertrauensverhältnis zwischen Arbeitnehmer und Arbeitgeber, sondern auch jenes zwischen dem Kunden und dem Unternehmen.

Die Vertrauenswürdigkeit gegenüber dem Kunden stellt eine weitere positive Eigenschaft dar, welche in Familienunternehmen verstärkt zu finden ist, meinen sieben der neun Befragten. Sie bestätigen, dass die Marke Familienunternehmen als Gütesiegel für Qualität und Vertrauen angesehen wird. Dennoch hängt dieses Zutrauen nicht an Familienunternehmen als solchen, sondern daran, wie man dem Kunden als Mensch gegenübertritt. Die positive Wahrnehmung der Kundenbindung, der Beratungs- und Warenqualität, als auch des Vertrauensverhältnisses helfen Familienunternehmen also sich von Nicht-Familienunternehmen abzusetzen. Dass diese bedingt durch jene Eigenschaften aber auch weniger von der Konkurrenz der Factory Outlet Center betroffen sind, glauben die Befragen nicht. Ein weiterer Grund für die erhöhten Bemühungen ist die persönliche Verbindung mit der Heimat.

Unternehmerinnen D und G sprechen von einer hohen Verantwortung gegenüber der Region. Ihrer Meinung nach stehen Familienunternehmen in einer besonderen Verantwortungspflicht, da schlechte Erfahrungen auf die Familie persönlich zurückgeführt werden. Um der Obliegenheit nachzukommen, haben sich einige Verbunde unter den Geschäftsleuten gebildet. In allen Städten, abgesehen von Bad Ems, gibt es einen Verein der Gewerbetreibenden, in welchem auch die befragten Unternehmer/innen aktiv sind. Es stellt sich heraus, dass es häufig gerade die Familienunternehmer/innen sind, welche sich besonders engagieren und das Gespräch mit der Stadt suchen. Mit der Unterstützung des Einzelhandels von Seiten der Politik zeigen sich die Einzelhändler/innen allerdings nicht zufrieden. In Koblenz hat sich die Situation leicht verbessert, doch ein wirkliches Verständnis für den Einzelhandel fehlt. Weil der Einzelhandel keine Lobby hat, hören die Politiker nicht richtig hin. Als Folge dessen müssen die Verbunde der Gewerbetreibenden unabhängig von der Stadt aktiv werden. Dabei handelt es sich vor allem um die gemeinsame Organisation von Marketingaktivitäten und Veranstaltungen. Attraktionen wie verkaufsoffene Sonntage und Stadtfeste kommen sehr gut bei den Kunden an.

Makroperspektive und Marktentwicklung

Die positive Annahme solcher Veranstaltungen zeigt die Wichtigkeit des Einkauferlebnisses für den Kunden. Geschäftsinhaberin C sieht in diesem Erlebnis sogar die Zukunft des Einzelhandels. Sie vermutet eine zukünftige Konzentration auf hochwertige Waren, welche mit Attraktionen im Geschäft verbunden werden. „Alles was konsumig ist, geht (allerdings) über das Internet", fügt sie hinzu. Auch andere Unternehmer/innen beschreiben den Trend den Einkauf zum Erlebnis machen zu wollen, wobei unter anderem die in 4.1.2 beschriebene Einschätzung alternativer Erlebnisse als Konkurrenzfaktor diese Entwicklung deutlich macht. Doch es gibt eine Reihe weiterer Umstände, welche von den Einzelhändlern/innen als Gefahr betrachtet werden.

Als eine der weiteren Herausforderungen wird der Onlinehandel genannt. Alle neun Familienunternehmer/innen nennen ohne Nachfrage das Internet als Gefahr für den Einzelhandel. Allerdings sehen nur drei der neun Befragten den Onlinehandel auf Platz eins der Bedrohungen für ihr Geschäft. Geschäftsinhaberin C erklärt: „Online schwebt über uns wie ein Schreckgespenst". Sie fügt hinzu, dass der Internethandel bis heute keinen großen Anteil am gesamten Umsatz hat. Auch zwei weitere Unternehmer/innen betonen, dass die meisten Internetstores sich nicht als rentabel erweisen. Einer der Befragten, Unternehmer A, sah in der Online Bewegung allerdings eine Chance für sein Geschäft. So begann er vor fünf Jahren, seine Artikel auch über das Internet zu vermarkten und generiert damit inzwischen 40% seines Umsatzes. Die restlichen Befragten können sich ein solch paralleles Geschäftsmodell nicht vorstellen. Allerdings ist auch diesen ein guter Internetauftritt wichtig.

Die sechs Unternehmer/innen, welche den Onlinehandel nicht als primäre Gefahr für den Einzelhandel beschreiben, nennen andere Bedrohungen, welchen sie sich gegenübergestellt sehen und, welche in ihren Augen von größerer Gefahr sind. Wiederholt erwähnen die Unternehmer/innen eine konkurrierende Einkaufsmöglichkeit in der Region, welche ihnen Sorgen mache. Diese Aussagen betreffen allerdings nicht das Factory Outlet Center in Montabaur, sondern den Gewerbepark in

Mülheim-Kärlich. Acht der neun Gesprächspartner bestätigen, dass der Gewerbepark für ihr Geschäft eine größere Konkurrenz als das Fashion Outlet Montabaur darstellt. Das Gewerbegebiet wird in den Interviews als „ganz gefährlich" (C) und „halbes Factory Outlet Center" (D) bezeichnet. Das Hauptargument für einen Einkauf in Mülheim-Kärlich ist das breite Angebot, welches sehr viel vielfältiger ist als das des Factory Outlet Centers. Da die kleineren Unternehmen in den Städten solche Massen nicht bieten können, kommen die Kunden allerdings auch gar nicht mehr in die Innenstädte. In diesem Zusammenhang argumentiert Unternehmerin D: „Ich habe den Wettbewerb lieber in der Stadt und (…) kann mich darstellen". Gerade in der Zeit des Brückenbaus hat sich der Gewerbepark „die Hände gerieben", erklärt D weiter. Die Einzelhändler sind sich sicher: Der Gewerbepark kommt beim Kunden besser an als das Fashion Outlet Montabaur. Der Erfolg des Gewerbeparks zeigt exemplarisch, dass die Innenstädte Zugkraft verlieren. Fatal an diesem Trend ist, dass die Anbieter im Gewerbepark durch den Einkauf von großen Mengen unvergleichbare Konditionen bekommen und so tatsächlich zu einem günstigeren Preis verkaufen können. So ist es für kleinere Familienunternehmen nicht möglich mitzuhalten. Unternehmerin C sieht in der Entwicklung des naheliegenden Gewerbeparks die Fortführung eines anhaltenden Trends: „Die grünen Wiesen sind im Grunde genommen die Urkiller des Einzelhandels", erklärt sie in diesem Zusammenhang.

Jedoch nicht nur Verschiebungen auf ökonomischer Ebene, sondern auch im Kontext demographischer Entwicklung sorgen für Veränderungen im Einzelhandel, welche von den Einzelhändlern/innen als weiterer Gefahrenpunkt identifiziert werden. Vier der befragten Unternehmer/innen beschreiben Frauen im fortgeschrittenen Alter als ihre primären Kunden. Diese sind zudem in der Regel langjährige Stammkunden. Unternehmerin E, welche ihr eigenes Familiengeschäft in Koblenz schließen musste und daraufhin ein Familienunternehmen in Vallendar als externe Nachfolgerin übernahm, erzählt, dass viele ihrer Kunden verstorben sind. Auch die Befragten A, C und D nennen die Demographie als Gefahr für den Textileinzelhandel. In den kleinen Orten mindert zudem die Urbanisation die Kundenfrequenz in den Geschäften. So kaufen die jungen Leute dort ein, wo sie auch arbeiten. Und das ist zumeist nicht Bad Ems, sondern Köln oder Frankfurt. Die Stadt hat sich generell sehr schlecht entwickelt und zieht keine Kundschaft mehr von außerhalb an. So sieht sich Familienunternehmer A als „Nahversorger" für die Einheimischen. Diese Entwicklung sieht der Familienunternehmer allerdings nicht als Einzelfall an. Vielmehr ist es ein Problem der kleinen Städte. Auch in Vallendar ist die Kundenfrequenz in den letzten Jahren erheblich gesunken, berichten die Kaufleute. Drei der vier in Vallendar ansässigen Gesprächspartner/innen sehen ein markantes Problem mit der Parkplatzsituation der Stadt. Zudem sind der Haupteinkaufsstraße mit der Post und dem Drogeriemarkt „Frequenzbringer" entzogen worden. Dennoch ist die Mehrheit (75%) der Einzelhändler/innen in Vallendar der Meinung, dass die Stadt insgesamt an Attraktivität für den Kunden gewonnen hat. Die Stadt besitzt viel Potenzial, welches allerdings nicht genutzt wird, weil sich keiner mehr traut aufzumachen. Diesen Aussagen zufolge spielt die Infrastruktur eine große Rolle für den Erfolg des innerstädtischen Einzelhandels.

An dieser ist allerdings in den letzten Jahren nicht gearbeitet worden. Und auch durch die Eröffnung des Factory Outlet Center in Montabaur hat sich die Infrastruktur in der Region nicht weiterentwickelt, sind sich acht der neun befragten Unternehmer/innen einig. Auch andere positive Auswirkungen für die Region konnten die befragten Familienunternehmer/innen nicht feststellen. „Ich glaube kaum, dass jemand hier ein Factory Outlet gebraucht hätte", macht Unternehmer A klar. Die in Montabaur ansässige

Unternehmerin G ist hier anderer Meinung. Sie konnte seit der Eröffnung des Fashion Outlet Montabaur einen erhöhten Umsatz feststellen.

Verfall des Einzelhandels

Die in Montabaur ansässige Einzelhändlerin erzählt häufig Kunden zu haben, welche vom nahliegenden Factory Outlet Center enttäuscht in die Stadt kommen. Diese Enttäuschung ist in den meisten Fällen auf die Markenauswahl und die Größe des Centers zurückzuführen. Seit der Eröffnung des Fashion Outlet Montabaur, im vergangenen Sommer, ist nicht nur der Gesamtumsatz, sondern auch die Kundenfrequenz im Geschäft gestiegen. Doch nicht nur für ihr Geschäft, sondern für den Einzelhandel in Montabaur insgesamt schätzt die Einzelhändlerin die Entwicklungen positiv ein. So kennt sie niemanden, der wegen des Outlets schließen musste oder Kundenverluste zu verzeichnen hat. Auch Verkäuferin I bestätigt, dass das Fashion Outlet Montabaur dem Einzelhandel in Montabaur nicht geschadet hat. Sie berichtet allerdings nicht von einem erhöhten, sondern von einem unveränderten Umsatz. Während die große Mehrheit der Familienunternehmer/innen in den kleineren Städten von einem Umsatzrückgang sprechen, erklären die in Koblenz und Limburg ansässigen Unternehmen D und H ihren Umsatz konstant halten zu können. Dennoch haben auch sie, wie die Familienunternehmen in Bad Ems und Vallendar, mit einem Frequenzrückgang im Geschäft zu kämpfen. Dieser hängt direkt mit den Umsatzproblemen vieler Einzelhändler zusammen. Denn ohne die notwenige Frequenz im Laden ist es auch nicht möglich einen hohen Umsatz zu generieren. Die Angabe, dass bei den umsatzverlierenden Geschäften auch ein erhöhter Kundenverlust zu verzeichnen ist, lässt einen direkten Zusammenhang erkennen. Die Unternehmer/innen D, F, H und I gaben an zwar Kunden zu verlieren, aber bestätigen zudem, dass dieser Rückgang auch in den Jahren zuvor zu verzeichnen war. Ein gewisser Kundenverlust ist ihnen zufolge ganz normal. Die Befragung ergibt einerseits, dass acht der neun Unternehmer/innen immer noch mit ihrer Geschäftssituation zufrieden sind, lässt andererseits aber den Trend der Verödung der Innenstädte deutlich werden. Besonders die kleinen Städte, Vallendar und Bad Ems, haben mit dem schließenden Geschäften und leeren Straßen zu kämpfen. Eine Verödung der Innenstädte ist also auch bei den Familienunternehmen in der Region Koblenz deutlich zu spüren und stellt damit eine große Herausforderung für ihr zukünftige Entwicklung dar.

Kundeneigenschaften

Wettbewerbsgründe, welche für den Verfall des Einzelhandels mitverantwortlich sind, wurden mit dem Onlinehandel und alternativen Betriebsformen, wie dem Gewerbepark und dem Factory Outlet Center, erläutert. Doch all diese Herausforderungen wären nicht zu solchen geworden, hätte der Kunde sie nicht als Alternative zum klassischen Einzelhandel angenommen. Demnach ist die Situation der Familienunternehmen im Textilhandel auch auf veränderte Kundenpräferenzen zurückzuführen. Sechs der befragten Familienunternehmer/innen berichten von starken Veränderungen der Präferenzen ihrer Kunden. Als klarer Trend kann das preisorientierte Einkaufen identifiziert werden. Die Unternehmer/innen sprechen insbesondere von Billiganbietern, welche den Preis in der Branche drücken. Der Preis spielt für den Kunden eine immer entscheidendere Rolle beim Kauf. Dabei gibt es keinen Unterschied zwischen jüngeren und älteren Kunden. Unternehmerin D beklagt zwar auch den Preisverfall in der Textilbranche, sieht dabei allerdings nicht den Kunden, sondern den Einzelhändler selbst in der Verantwortung. Obwohl die Mehrheit bestätigt diesen Preisverfall beobachten zu können, geben nur vier der neun Unternehmen an, bei ihren Kunden erkennen zu können, dass diese eine schlechtere Qualität der Waren für einen geringeren Preis in Kauf nehmen. Bemerkenswert ist dabei, dass es sich bei den anderen fünf Unternehmen um diejenigen handelt, welche Waren zu einem Premiumpreis anbieten. Diese Beobachtung lässt erschließen, dass die Schere zwischen denjenigen Kunden, welche den Preis, und denjenigen, welche die Qualität der Waren im Fokus sehen, weit auseinandergeht.

In einem Punkt sind sich die Einzelhändler jedoch einig: Die Kunden möchten heute mehr Auswahl im Kleiderschrank. Die Schränke sind zwar voll, doch lassen sich keine Sättigungstendenzen erkennen. In diesem Zusammenhang wird von einer „Mitnahmementalität" (D) gesprochen, aus welcher sich eine Art Wegwerfphänomen entwickle. Demnach wollen die Kunden heute nicht mehr die traditionelle Ware, sondern etwas zum Outfit passendes.

Die Einschätzungen der Interviewten lassen erschließen, dass das Konzept Factory Outlet Center bei dem durchschnittlichen Kunden also gut ankommen müsste. Dennoch gilt es zu beachten, dass sich die Kundenpräferenzen ständig ändern. Die Jungend wird schon noch merken, dass der Einzelhandel unverzichtbar ist und somit auch wieder in die Läden zurückkehren. So sind sich die befragten Einzelhändler einig, dass es eine Zukunft für den Einzelhandel gibt. Wie diese allerdings aussehen wird und in welcher Form der Einzelhandel auftreten wird, bleibt abzuwarten. Eine Zusammenfassung der identifizierten Perspektiven und Bedrohungen des Einzelhandels wird im folgenden Unterkapitel erläutert.

Kernkategorien

Die sechs identifizierten Kategorien wurden, wie in Abbildung 6 graphisch dargestellt, in die beiden Kernkategorien Perspektiven für Familienunternehmen und Bedrohungen für Familienunternehmen, welche sich ebenfalls auf den zukünftigen Wettbewerb mit dem Factory Outlet Center beziehen, eingeteilt. Die drei zunächst aufgeführten Kategorien, Wareneigenschaften, Überschneidungen Factory Outlet Center & Familienunternehmen und Eigenschaften Familienunternehmen wurden als Perspektive eingestuft. Grund hierfür sind die Möglichkeiten, diese als Differenzierungsfaktor zum Factory Outlet Center zu nutzen. Die empirische Studie hat deutlich gemacht, dass die Familienfirmen in der Region Koblenz/Montabaur das Fashion Outlet Montabaur nur dann als Konkurrenz ansehen, wenn eine Vergleichbarkeit des Preis-Leistungsverhältnisses, der Waren und des Kundenumgangs gegeben ist. Demnach besteht vor allem in diesen Punkten die Möglichkeit für Familienunternehmen, sich vom Factory Outlet Center abzugrenzen. Dies kann insbesondere durch das Angebot unterschiedlicher Marken, eine strategische Spezialisierung und eine herausragende Beratung erfolgen. Gerade Letzteres bietet eine herausragende Chance für Familienfirmen, da die Beratung und Kundenbindung ohnehin zu ihren Kernkompetenzen gehört.

Die Makroperspektive als auch die Marktentwicklung kann einen Vorteil als auch einen Nachteil für die Familienunternehmen im Wettkampf mit den Factory Outlet Center darstellen. Der große Unterschied dieser Kategorie zu den drei zuvor genannten ist, dass diese nicht von den Firmen kontrollierbar oder direkt beeinflussbar ist. Veränderungen auf der Makroebene und im gesamten Markt bieten allerdings Gelegenheiten auf diese zu reagieren. Ein gutes Beispiel ist Unternehmer A, welcher eine Konkurrenz im Onlinehandel erkannt hat, diesen nun aber für den eigenen Vertrieb nutzt. Somit können die Makroperspektive und Marktentwicklungen Hürden aber auch Chancen darstellen, welche zu strategischen Entscheidungen aufrufen.

Sowohl die Kundeneigenschaften als auch der Verfall des Einzelhandels werden als Bedrohung der Familienunternehmen im Wettbewerb mit Factory Outlet Center identifiziert. Die literarischen und empirischen Ergebnisse zeigen, dass der Einzelhandel seit Jahren mit Umsatzverlusten und sich verändernden Kundenpräferenzen zu kämpfen hat. Allerdings muss berücksichtigt werden, dass es dauerhaft Entwicklungen im Markt gibt und immer gegeben hat. Eine Marktbeobachtung und daraus resultierende Antworten auf Veränderung in Form von Innovationen, sind strategisch notwendig. Dass ein Verlust der Kunden und des Umsatzes somit reguliert werden kann, zeigen praktische Beispiele.

3.5 Schlussfolgerung

In der vorliegenden Arbeit wurden, auf Basis der literarischen und empirischen Forschung, die Auswirkungen von Factory Outlet Center auf regionale Familienunternehmen untersucht. Am Beispiel des Factory Outlet Centers in Montabaur konnten sowohl Chancen- als auch Gefahrenpotenziale für umliegende Familienunternehmen identifiziert werden. Mit der Wahl des Fashion Outlet Montabaur liegt der empirischen Studie ein Outlet Center zugrunde, welches erst kürzlich eröffnet wurde. Somit sind die Auswirkungen dieses Factory Outlet Centers wissenschaftlich vollkommen unergründet. Die Ergebnisse der Studie schließen sich an einige wenige Studien zu den Gefahrenpotenzialen der Outlet Center an und haben somit das Potenzial diese zu widerlegen oder auch zu verifizieren.

Nachdem die Definitionsgrundlagen von Familienunternehmen und Factory Outlet Center literarisch geklärt worden, wurde die Literatur hinsichtlich deren Spannungsfeld untersucht. Diese Ergebnisse dienten als Vergleichswerte für die Resultate der empirischen Studie. Im Rahmen dieser wurden acht Familienunternehmer und ein externer Manager eines ehemaligen Familiengeschäfts, als auch die Oberbürgermeisterin von Montabaur befragt. Durch die Auswahl der Interviewpartner/innen konnte somit die Mikro- als auch die Makroperspektive belegt werden. Der Vergleich zwischen Literatur und Empirie weist vorwiegend Überschneidungen auf. Zur Einschätzung des Gefahrenpotenzials von Factory Outlet Center auf den Einzelhandel ließen sich allerdings Dissonanzen feststellen. So ist die Bedrohung der Outlet Center für die Textilhändler in der Literatur als sehr viel größer beschrieben als sie tatsächlich von diesen wahrgenommen wird.

Aufgrund der Ergebnisse der literarischen Analyse und der empirischen Studie lassen sich die drei der Arbeit zugrundeliegenden Fragestellungen am Beispiel des Fashion Outlet Montabaur beantworten.

1. Betrachten Familienunternehmen Factory Outlet Center tatsächlich als Gefahr?

Keines der befragten Familienunternehmen ordnet das Fashion Outlet Montabaur als Gefahr für das eigene Unternehmen ein. Drei der neun befragten Unternehmen verstehen das Outlet Center zwar als Konkurrenz, meinen aber auch, dass diese nicht sehr schwerwiegend ist. Es sind andere Gefahren, wie der Preisverfall der Onlinehandel und die demographische Entwicklung, welche sie vor größere Herausforderungen stellen.

2. Inwiefern unterscheidet sich die von Factory Outlet Center ausgehende Gefahr für Familienunternehmen und Nicht-Familienunternehmen?

Familienunternehmen sind, nach Aussagen der Gesprächspartner, nicht anders von der Konkurrenz des Factory Outlet Center betroffen als andere regionale Textilgeschäfte. Allerdings kristallisiert sich heraus, dass Familienunternehmen andere Möglichkeiten haben, auf den Wettbewerb zu reagieren. Zwar vermerkt die Oberbürgermeisterin von Montabaur, dass Familienunternehmen oftmals in Traditionen verharrt sind und somit vergleichsweise resistent gegenüber Veränderungen sind, doch zeigt sich, dass die Marke Familienunternehmen, welche als besonders vertrauensvoll wahrgenommen wird, einen klaren Vorteil gegenüber Nicht-Familienunternehmen hat.

3. Welche Maßnahmen erheben Familienunternehmen, um der durch Factory Outlet Center entstehenden Gefahr entgegenzuwirken?

Die befragten Unternehmen, welche das Fashion Outlet Montabaur als Konkurrenz wahrnehmen, machen dies vor allen Dingen an der Markenüberschneidung und somit Vergleichbarkeit der Waren fest. Deshalb haben sie sich entschieden, sich durch eine Neuaufstellung des Sortiments oder durch eine Spezialisierung vom Fashion Outlet Montabaur zu differenzieren. Eine weitere strategische Maßnahme ist, das Bewusstsein der Kunden zu stärken, indem zum einen die Warenunterschiede und zum anderen der emotionale Bezug zum heimischen Einzelhandel betont werden.

Die Beantwortung der Leitfragen zeigt, dass nur ein kleiner Teil der betroffenen Familienunternehmen eine Konkurrenz im Factory Outlet Center sieht, diese allerdings keinen Unterschied zwischen der Betroffenheit von Familienunternehmen und Nicht-Familienunternehmen erkennen können. Zudem lassen sich einige strategisch erfolgreiche Maßnahmen finden durch welche diese Konkurrenz reguliert werden kann.

3.5.1 Implikationen für Theorie und Praxis und Limitationen der Studie

Schon die Suche nach geeigneter Literatur zeigte, dass große Lücken in der Forschung zum Factory Outlet Center und deren Auswirkungen bestehen. Es lassen sich zwar einige wenige Fachartikel zu diesem Thema finden, doch können diese keinen wissenschaftlichen Hintergrund nachweisen. Insbesondere im Bereich der quantitativen Forschung fehlt es an akademischen Nachweise. Es konnten ausschließlich qualitative Ergebnisse ermittelt werden, welche am Beispiel einzelner Regionen durchgeführt wurden. Somit können auch diese Feststellungen nicht verallgemeinert und auf Factory Outlet Center im Gesamten bezogen werden.

Im Vergleich zu den literarischen Ergebnissen, weist die empirische Studie der Arbeit klare Zusammenhänge zwischen den Eigenschaften der Verkaufswaren als auch anderen Charakteristika der Betriebsformen und ihrer Wettbewerbssituation auf. Diese Erkenntnisse wurden in der literarischen Forschung fast vollkommen außer Acht gelassen. Zudem missachten die Veröffentlichungen die Differenzierung zwischen dem Einzelhandel und Familienunternehmen. Die gegenwärtigen Forschungsergebnisse konnten keine spezialisierte Untersuchung für familiengeführte Betriebe aufweisen.

Die Arbeit weist folgende Limitationen auf. In die Studie wurden keine Meinungen von Nicht-Familienunternehmen eingefasst. Zudem wurde die empirische Befragung auf neun Unternehmen aus nur fünf Städten in der Umgebung beschränkt. Demnach besteht keine Garantie, dass die Aussagen und Einschätzungen dieser Familienunternehmen mit denen anderer Firmen in der Region übereinstimmen. Auch eine Verallgemeinerung der Ergebnisse auf das Gefahrenpotenzial von Factory Outlet Center für den Einzelhandel ist nicht möglich.

Eine weitere Limitation bietet die Durchführung der Interviews. Da eines der Gespräche telefonisch und eines schriftlich erfolgte, konnten eventuelle emotionale Merkmale nicht integriert und analysiert werden. Bei der schriftlichen Beantwortung der Fragen ist es zudem nicht möglich, wie beim Leitfadeninterview vorgesehen, eine Gesprächssituation zu kreieren. Vertiefende Fragen wurden somit ausgeschlossen.

Die Arbeit konnte, durch fehlende Meinungen aus angrenzenden Regionen, dem Westerwald im Speziellen, nicht nachweisen, ob das Fashion Outlet Montabaur als insgesamt bedrohlicher erachtet wird. Anmerkungen der Familienunternehmer/innen geben allerdings Hinweise darauf.

Um eine rundum vollständige Analyse der Auswirkungen auf umliegende Familienunternehmen zu garantieren, ist eine kontinuierliche Auseinandersetzung und Beobachtung notwendig. Hierbei müssten allerdings zum einen mehr Unternehmen und zum anderen weitere Regionen in die Arbeit eingebunden werden, um von einer umfassenden Repräsentativität ausgehen zu können.

Dennoch ist es möglich, anhand der empirischen Ergebnisse, Implikationen für die Praxis zu formulieren. Die Einschätzung der befragten Familienunternehmer/innen zeigen, dass es möglich ist, sich der durch Factory Outlet Center entstehenden Konkurrenz mit Hilfe von Differenzierungsmaßnahmen zu entziehen. Diese sind im Folgenden zusammengefasst:

- Sicherstellung eines aktuellen Warenangebots
- Vorsortierung der Verkaufswaren
- Vergleichbarkeit des Preis-Leistungsverhältnisses
- Differenzierung im Markenangebot
- Große Bandbreite im Angebot, insbesondere in der Vielfalt der Größen und Farben
- Herausragende Beratungs- und Serviceleistungen
- Langfristige als auch vertrauensbasierte Mitarbeiter- und Kundenbeziehungen

Durch die Beachtung dieser sieben Maßnahmen besteht für Familienunternehmen die Möglichkeit, sich vom regionalen Factory Outlet Center abzugrenzen. Durch die empirische Befragung ist davon auszugehen, dass die Umsetzung dieser auch in der Praxis erfolgreich ist.

Daniel Wolf

4 Anreizsysteme

Auswirkungen von Anreizsystemen auf Mitarbeitermotivation

4.1 Einleitung

Humankapital kann nicht nur als einer der wertvollsten Vermögenswerte eines Unternehmens, sondern auch als eine der kompliziertesten Ressourcen betrachtet werden, denn es ist das Produkt aus komplexen sozialen Strukturen und individuellem Verhalten, das über einen langen Zeitraum aufgebaut wurde (Barney, 1991). Als Folge davon besteht eines der großen Probleme eines jeden Arbeitgebers darin, seine Arbeitnehmer zu motivieren und, was noch wichtiger ist, diesen Zustand aufrechtzuerhalten. Es gibt nicht viele Dinge, die bei Arbeitnehmern ähnlich starke Reaktionen hervorrufen wie Anreize, die sie von ihren Arbeitgebern erhalten (Byars & Rue, 2006). Sie spielen eine wichtige Rolle, Arbeitnehmer dahingehend zu motivieren, dass sie ihr Bestes geben, und werden meist in Form finanzieller oder nicht finanzieller Belohnung angeboten. Finanzielle Belohnungen waren jahrzehntelang das vorherrschende Mittel zur Belohnung von Arbeitnehmern. Das derzeitige wirtschaftliche Umfeld zwingt Unternehmen jedoch dazu, nicht-finanzielle Methoden zur Motivierung von Arbeitskräften eingehender zu prüfen. Trotz der steigenden Kostensensibilität von Unternehmen ist zu beobachten, dass es durchaus sein kann, dass auch Arbeitnehmer mit Geld allein nicht mehr zufrieden sind, da ihr Wunsch nach Anreizen wie Anerkennung, Wertschätzung und Verantwortungsgefühl in den vergangenen Jahren immer präsenter wurde. Deshalb beschäftigt sich diese Arbeit mit der Frage, wie materielle und immaterielle Anreize die Motivation von Arbeitnehmern am Arbeitsplatz beeinflussen.

Schaut man sich die Struktur von Belohnungen genauer an, stellt man fest, dass es vor dem Hintergrund der verschiedenen Arten von Unternehmen große Unterschiede zwischen den Anreizsystemen gibt. Einerseits stehen klein- und mittelständische Unternehmen durch die zunehmenden Erwartungen ihrer Mitarbeiter unter besonderem Druck. Da finanzielle Belastungen für sie im Vergleich zu großen Unternehmen eine weitere Herausforderung darstellen, wird diese Arbeit auf der vorhandenen Forschung aufbauen und analysieren, wie klein- und mittelständische Unternehmen es schaffen, ihre Arbeitskräfte zu motivieren.

Andererseits ist bekannt, dass Familienunternehmen innovativer als andere Unternehmen sind. In vorhandenen Forschungsarbeiten wird die Auffassung vertreten, dass eine der Hauptwirkungen im Zusammenhang mit ihrer Innovationsfähigkeit die erfolgreiche Motivation ihrer Mitarbeiter ist (Koudelková & Milichovský, 2015). Trotz dieser Tatsache sträuben sich Familienunternehmen häufig, auf Grund ihrer Sparsamkeit nicht zur Familie gehörenden Mitarbeitern wettbewerbsfähige Löhne zu zahlen (Block et al., 2015). Deshalb wird diese Arbeit den Einfluss von Familienunternehmen auf Anreizsysteme und Mitarbeitermotivation untersuchen.

4.2 Literaturanalyse

Es ist allgemein bekannt, dass Innovation in einer sich ständig verändernden weltweiten Wirtschaft ein entscheidender Faktor für anhaltende Wettbewerbsfähigkeit, fortgesetztes Wachstum und Vitalität eines Unternehmens ist (Garud et al., 2013). In vorhandenen Forschungsarbeiten wurde die signifikante Bedeutung aufgezeigt, die die Arbeitskräfte eines Unternehmens als eine Hauptquelle der Innovation für dessen Gesamtleistung haben (Gibbs et al., 2014). Personelle Ressourcen sind ein proaktiver Faktor zum Erzielen einer höheren organisationalen Leistung und Effektivität, wenn die Mitarbeiter bereit sind, ihre Ideen für den Innovationsprozess beizusteuern (Sergeeva, 2014). Da sich Mitarbeiter mit einem Gefühl der Erfüllung voraussichtlich mehr für ein Unternehmen einsetzen, ist für dessen Erfolg die Schaffung eines motivierenden organisationalen Umfelds entscheidend (Mahdi et al., 2012). Motivierte Arbeitskräfte sind ein Wettbewerbsvorteil und wesentlicher strategischer Vermögenswert und deshalb eine Gewähr für den Erfolg eines Unternehmens (Knight & Kleiner, 2015; Tremblay et al., 2009).

Die am häufigsten angeführten Motivationskategorien sind intrinsische und extrinsische Motivation. Intrinsische Motivation basiert auf der Attraktivität des Arbeitsplatzes selbst. Sie resultiert aus Faktoren wie Freude an der beruflichen Tätigkeit, dem Grad der Selbstbestimmung, Verwirklichung, Herausforderung und der Möglichkeit für persönliche und berufliche Weiterentwicklung (Aletraris, 2010; Eisenberger & Aselage, 2008). Die Mehrheit der Forscher stimmt zu, dass intrinsische Motivatoren die Arbeitsleistung und Kreativität verbessern (Yoon et al., 2015). Brown (2007; S.143) zufolge steht wiederum „extrinsische Motivation mit unserer Neigung im Zusammenhang, Tätigkeiten für bekannte externe Belohnungen auszuführen, ungeachtet dessen, ob sie materieller (z.B. Geld) oder psychologischer (z.B. Belobigung) Art sind".

4.2.1 Vorteile und Risiken intrinsischer und extrinsischer Motivation

Während in Bezug auf das Vorhandensein intrinsischer und extrinsischer Motivatoren unter Wissenschaftlern ein gemeinsamer Konsens besteht, gibt es Meinungsverschiedenheiten hinsichtlich der Effektivität und Prädominanz einer Kategorie gegenüber der anderen. Gagné und Deci (2005) vertreten die Ansicht, dass die extrinsische Motivation stärker ist, wenn die Arbeitsplatzbeschreibung hauptsächlich uninteressante Aufgaben umfasst. Mitarbeiter mit innovationsbezogenen und herausfordernderen Arbeitsaufgaben sind dagegen durch intrinsische Motivatoren zu motivieren, da solche Anreize größte Freude an der Arbeit, höhere Lernbereitschaft, mehr Flexibilität und Spontaneität, mehr Kreativität und eine größere Risikobereitschaft fördern (Deci & Ryan, 1985; Hsiu-Fen, 2007; Perry-Smith, 2006). Andere Akademiker fanden heraus, dass extrinsische Belohnungen signifikant mehr mit der Arbeitszufriedenheit korrelieren als intrinsische Belohnungen (Rafiq, Javed, Khan & Ahmed, 2012). Trotz der Argumente für eine extrinsische Motivation widersprechen andere Forscher dieser Ansicht und argumentieren, dass extrinsische Belohnungen selten ausreichen können, um Mitarbeiter kontinuierlich zu motivieren, und betonen die Notwendigkeit intrinsischer Zufriedenheit am Arbeitsplatz (Marin, 2012). Trotzdem könnte die primäre Verwendung extrinsischer Anreize langfristig zu einem „Verdrängungseffekt“ intrinsischer Motivation führen (Deci et al., 1999; Gibbs et al., 2014). Forscher vertreten die Auffassung, dass die berufliche Leistung von Mitarbeitern nach Einstellung einer Belohnung sogar schlechter ist, als sie vor der Einführung jener gewesen war. Das tritt ein, weil Belohnungen das Vertrauen der Arbeiter in ihre Fähigkeiten oder den Wert der Aufgabe schmälern (Schwartz, 1990). Vor diesem Hintergrund erfordert effektive Mitarbeiterführung sowohl intrinsische als auch extrinsische Motivatoren, um Mitarbeiter in die richtige Richtung zu lenken (Farace & Mazzotta, 2011).

4.2.2 Anreizsysteme

Eine der am häufigsten verwendeten Arten zur Anregung extrinsischer Motivation ist die Anwendung eines Anreizsystems (Dzuranin et al., 2013). Anreize und Belohnungen wurden in der Vergangenheit vielfach identifiziert und klassifiziert. Diese Arbeit konzentriert sich auf die Verbesserung extrinsischer Motivation durch Anwendung materieller und immaterieller Anreize.

In den USA wenden bereits 95 % aller Unternehmen ein formelles Leistungsbeurteilungssystem an (Gorlin, 1981; McEvoy, 1984). Anreize können definiert werden als „eine Form der Anerkennung und Belohnung, die Unternehmen ihren Mitarbeitern zukommen lassen, weil sie gute Arbeit geleistet haben. Anreize werden in Anerkennung des Engagements und der Aufgabenerfüllung eines Mitarbeiters sowie zur Anregung weiterer Erfolge gewährt. Zudem sind sie üblicherweise darauf ausgerichtet, bestimmte Ergebnisse zu erzielen, ob es sich nun um die Erhöhung der Produktivität, Moral oder des Ansehens seines Unternehmens handelt“ (Knight & Kleiner, 2015).

4.2.3 Materielle und nichtmaterielle Anreize

Anreize können in materielle und nichtmaterielle Anreize gegliedert werden. Materielle Anreize reichen von den klassischen finanziellen Anreizen wie Lohnerhöhung, leistungsbezogener Bezahlung oder verschiedenen Boni bis zu bargeldlosen materiellen Anreizen mit monetärem Wert wie Beförderungen, Rabattprogramme oder Mitgliedschaften in Sportklubs. Nichtmaterielle Anreize sind für Führungskräfte wertvolle Mittel, um ihren Mitarbeitern zu zeigen, dass sie ihnen wichtig sind und auch ihren individuellen Beitrag wertschätzen. Sie können in vielen Formen und auf viele Arten vergeben werden, wie beispielsweise durch einfache Worte der Anerkennung, regelmäßiges Feedback oder größere Entscheidungsfreiheit, aber auch Schulungen, Mentoring-Programme, Unterstützung der Kinderbetreuung oder flexible Arbeitszeiten.

Eine Untersuchung von McEvoy (1984) ergab, dass Gehaltserhöhungen die am meiste eingesetzte Motivationstechnik sind und dass sie einen besonders starken Anreiz darstellen, wenn sie mit konkreten Leistungen verbunden sind. Diese Erkenntnis steht mit denen anderer Forscher in Einklang, welche die Auffassung vertreten, dass finanzielle Belohnungen die Produktivität erhöhen, da sie wichtige Motivatoren und Instrumente der Belohnung für Mitarbeiter sind (Ciorbagiu-Naon, 2010; Marin, 2012). Finanzielle Anreize sind für Mitarbeiter so lukrativ, weil sie die Flexibilität beinhalten, das Geld auf die von ihnen bevorzugte Art und Weise zu verwenden. Wenn auch rein finanzielle Belohnungen

Mitarbeitern den größten Spielraum geben, so hat die Forschung bewiesen, dass eine Kombination aus baren und nichtbaren Belohnungen bei den Mitarbeitern mehr Beachtung findet und zu einer besseren Leistung führt (Dzuranin et al., 2013). Selbst wenn die meisten Mitarbeiter einen baren Anreiz einem nichtbaren Anreiz vorziehen, so haben Jeffrey und Shaffer (2007) herausgefunden, dass Mitarbeiter, die angaben, bare Anreize zu bevorzugen, nach einem unbaren Anreiz bessere Leistungen erbringen. Überdies kann davon ausgegangen werden, dass die Wahrnehmungen und Präferenzen im Zusammenhang mit Anreizen von bestimmten Merkmalen wie Alter, Bildung oder Berufserfahrung abhängig sind (Ciorbagiu-Naon, 2010). Insbesondere die Vergütung von Vorstandsmitgliedern und anderen Mitarbeitern mit Führungs- und Personalverantwortung ist heutzutage mehr als früher mit leistungsbezogenen finanziellen Anreizen verknüpft (Bergstresser & Philippon, 2006). Dieser Trend wird als wirkungsvolles Instrument angesehen, um die Motivation des Einzelnen mit den Zielsetzungen des Unternehmens in Einklang zu bringen. Nichtsdestotrotz wird in früheren Forschungsarbeiten kritisiert, dass vor allem jene materiellen Anreize intrinsische Motivation mit der Zeit verdrängen (Raban, 2008). Darüber hinaus sind solche Anreize eher kurzfristig ausgerichtet und tendieren dazu, Mitarbeiter nicht länger als drei bis sechs Monate zu motivieren. Auf Grund dieser Tatsache lassen rein finanzielle Anreize wegen ihrer wirtschaftlichen Beschränkung einen Mangel an langfristiger Wirksamkeit erkennen. Im Ergebnis dessen scheinen nichtfinanzielle Anreize im Hinblick auf den Aufbau eines langfristigen Engagements effizienter zu sein (Ciorbagiu-Naon, 2010).

4.2.4 Konsequenzen für Familienunternehmen, kleine und mittelständische Unternehmen

Für Familienunternehmen sowie klein und mittelständische Unternehmen sollten insbesondere immaterielle Anreize von Interesse sein, da sie gewöhnlich kostengünstig oder kostenlos sind und Engagement, Motivation und Bleibebereitschaft verbessern (Knight & Kleiner, 2015). Für solche Firmen ist es auf Grund fehlender finanzieller Mittel oftmals problematisch, große Geldbeträge allein zu Motivationszwecken aufzuwenden (Mazzei, Flynn & Haynie, 2016). Die vorhandene Forschung vertritt die Auffassung, dass für nicht zur Familie gehörende Mitarbeiter in Familienunternehmen Einschränkungen hinsichtlich der Aufstiegschancen bestehen, da solche Positionen Familienmitgliedern vorbehalten sind. Auf Grund der Tatsache, dass Beförderungen oftmals zu einer höheren Vergütung, mehr Autorität und Verantwortung führen, müssen Familienunternehmen andere Wege zur Motivation ihrer Mitarbeiter finden. Demzufolge wird empfohlen festzustellen, welche nichtbaren Anreize von Wert es gibt, die eine Wirkung auf die Arbeitsmotivation haben, um diese dann einzuführen, zu überwachen und zu pflegen (Farrington et al., 2014). Zudem wurde in früheren Forschungsarbeiten bereits darauf verwiesen, dass eine emotionale und soziale Vergütung sowie psychologisches Eigentum in Familienunternehmen relevanter als eine finanzielle Unterstützung sein könnten (Astrachan & Adams, 2005).

Die allgemeine Forschung auf dem Gebiet der Motivation hat die positive Wirkung verschiedener nichtmaterieller Anreize auf die Motivation nachgewiesen. Solche nichtmateriellen Anreize können in formell eingeführte Anreize wie flexible Arbeitszeit, organisierte Mentoring-Programme, klare Feedback-Systeme oder Schulung und Weiterbildung eingeteilt werden. Sie können sich jedoch auch aus der persönlichen Interaktion zwischen Mitarbeitern und ihren Vorgesetzten ergeben, indem bspw.

Erreichtes anerkannt wird, indem eine Einbeziehung in Entscheidungsfindungsprozesse erfolgt oder Mitarbeitern mehr Entscheidungsfreiheit und Verantwortung übertragen wird (Ciorbagiu-Naon, 2010; Knight & Kleiner, 2015; Marin, 2012; Wziątek-Staśko, 2010). Trotz all der vorstehend genannten positiven Effekte kommen einige der effizientesten nichtmateriellen Belohnungen wie klares Feedback, flexible Arbeitszeiten, geselliges Beisammensein, Anerkennung oder größere Entscheidungsfreiheit in vielen Unternehmen noch immer zu wenig zum Einsatz, auch wenn sie als „Best Practices" anerkannt und einfach und kostengünstig umzusetzen sind (Knight & Kleiner, 2015; Mazzei et al., 2016).

Angesichts dieser Argumente sind insbesondere nichtmaterielle Anreize für kleine und mittelständische Unternehmen und Familienunternehmen eine Möglichkeit, ihre vorhandenen Vermögenswerte wirksam einzusetzen, insbesondere ihre Führungskräfte, um die Mitarbeiter zu motivieren und damit die organisationale Leistung des Unternehmens zu steigern und gleichzeitig die Kosten auf einem niedrigen Niveau zu halten.

4.3 Hypothesenentwicklung

4.3.1 Die Wirkung angebotener Anreize auf die Mitarbeitermotivation

Diese Arbeit beschäftigt sich mit der Tatsache, dass es Tätigkeiten im Leben gibt, die Menschen einfach deshalb tun, weil sie sie interessant, vergnüglich oder angenehm finden, während jedoch andere Tätigkeiten, wie beispielsweise die Arbeit, nicht so wahrgenommen werden. Deshalb werden sie aller Voraussicht nach nicht ausgeübt, es sei denn, es liegen extrinsische Gründe dafür vor (Deci & Ryan, 2002). Die meisten Unternehmen haben, weil ihnen die Bedeutung der Motivation von Mitarbeitern bewusst ist, formelle Beurteilungs- und Anreizsysteme eingeführt. Mit solchen Anreizen zielen Unternehmen darauf ab, die Bedürfnisse ihrer Mitarbeiter zu befriedigen in der Hoffnung, als Gegenleistung engagiertere Arbeitskräfte zu erhalten (Farrington et al., 2014). Sie sind zu einem geeigneten Instrument geworden, ihre Mitarbeiter zu motivieren und sie zum Nachdenken über Ablauf- und Produktverbesserungen zu bewegen. Nahezu 90 % der Mitarbeiter stimmen zu, dass solche Systeme gut funktionieren (Gibbs et al., 2014; McEvoy, 1984). Forscher vertreten allerdings die Auffassung, dass die Anwendung materieller oder nichtmaterieller Anreize allein nicht ausreicht, um das bestmögliche Beurteilungssystem zu bieten (Koudelková & Milichovský, 2015).

Aus diesem Grund analysiert diese Arbeit materielle und nichtmaterielle Anreize und deren Auswirkung auf die Mitarbeitermotivation. Aus der vorhandenen Literatur geht hervor, dass man zusätzliche Anreize zum Grundgehalt, ob sie nun materieller oder nichtmaterieller Natur sind, in Betracht ziehen sollte, da sie die vielfältigen Bedürfnisse von Mitarbeitern befriedigen und sie motivieren, sich mehr in das Unternehmen einzubringen. Deshalb lauten die beiden ersten Hypothesen wie folgt:

Hypothese 1: *Das Angebot materieller Anreize für Mitarbeiter hat eine positive Wirkung auf ihre Arbeitsmotivation.*

Hypothese 2: *Das Angebot nichtmaterieller Anreize für Mitarbeiter hat eine positive Wirkung auf ihre Arbeitsmotivation.*

4.3.2 Mitarbeiter in Familienunternehmen und Zufriedenheit mit Anreizen

In der vorhandenen Literatur wurde festgestellt, dass Familienunternehmen eine größere Fähigkeit zur Innovation besitzen als Nicht-Familienunternehmen. Das ist in erster Linie auf eine größere Kreativität und Initiative der Arbeitskräfte zurückzuführen. Aus diesem Grund unternehmen Familienunternehmen im Hinblick auf die Beibehaltung ihres Innovationsvorsprungs große Anstrengungen, um den Grad an Kreativität und Initiative eines jeden Mitarbeiters im Unternehmen aufrechtzuerhalten oder sogar noch auszubauen (Netzhammer, 2015). Beide Merkmale stehen in enger Beziehung zur Mitarbeitermotivation, die durch intrinsische persönliche Motive und extrinsische Belohnungen hervorgerufen wird. Demzufolge könnte man behaupten, dass sich insbesondere Familienunternehmen darauf konzentrieren müssen, ihre Arbeitskräfte zu motivieren, um innovativ zu bleiben. Die Forschung auf dem Gebiet der Motivation unterstützt diese Aussage, denn Studien weisen eine positive Wirkung externer Motivation auf Kreativität, Initiative und pro-innovative Einstellungen und Verhaltensweisen nach (Bammens et al., 2015; Gibbs et al., 2014; Mazzei et al., 2016). In Übereinstimmung mit diesen Erkenntnissen vertreten Farrington et al. (2014) die Auffassung, dass die konstante Weiterentwicklung und Aufrechterhaltung von Arbeitszufriedenheit und organisationalem Engagement eine der vordringlichsten Aufgaben der Eigentümer von Familienunternehmen ist, da sie für den Erfolg des Familienunternehmens wesentlich sind. Im Vergleich zu Nicht-Familienunternehmen weisen Familienunternehmen ein besonders markantes Maß an Interesse und Sorge für das Wohlergehen ihrer Mitarbeiter auf. Das führt potenziell zu Arbeitskräften mit höherer Motivation und einem Vorteil im Zusammenhang mit dem Beitrag der Mitarbeiter in Form neuer Ideen und Verbesserungsvorschläge. Es lässt ebenso den Schluss zu, dass Familienunternehmen die Initiative, Kreativität, Motivation und letztendlich die Leistung insgesamt verbessern können, indem sie keine Mühe scheuen, ihre Mitarbeiter gut zu behandeln (Bammens et al., 2015). Da solche Anreize aus eben diesen Gründen nicht nur bei Familienunternehmen zum Einsatz kommen, folgt daraus, dass die Art der Umsetzung von Belohnungen und Anreizen den Unterschied zwischen Familienunternehmen und Nicht-Familienunternehmen ausmachen muss. In dieser Arbeit gehe ich davon aus, dass der höhere Grad der Fürsorge um das Wohlergehen der Mitarbeiter in Familienunternehmen zu einer besseren Umsetzung von Anreizen führt. Die Bedürfnisse der Mitarbeiter bei den einzelnen Personen sind verschieden. Durch aktives Zuhören können Familienunternehmen ihr Anreizsystem auf die Bedürfnisse ihrer Mitarbeiter einstellen und einen höheren Grad der Zufriedenheit mit den gewährten Anreizen erreichen.

Daher wird erwartet, dass die Wirkung der Zufriedenheit mit den Anreizen auf die Mitarbeitermotivation in Familienunternehmen stärker ist, was zu der folgenden Hypothese führt:

Hypothese 3: *Die Auswirkung des Grads der Zufriedenheit mit den Anreizen auf die Mitarbeitermotivation ist in Familienunternehmen stärker als in Nicht-Familienunternehmen.*

4.4 Ergebnisse

4.4.1 Deskriptive Statistiken

Die folgenden Ergebnisse basieren auf einer Befragung, die unter 185 Mitarbeitern in allen Branchen und Typen von Unternehmen durchgeführt wurden. 66,5 % der Befragten stimmten zu, dass Anreize eine positive Wirkung auf die Arbeitsmotivation haben. Aus ihnen ging des Weiteren hervor, dass bei dem Thema, welche Arten von Anreizen ihre Motivation am meisten beeinflussen, 67,5 % eine Kombination aus finanziellen und nichtfinanziellen Belohnungen bevorzugen, wohingegen 22,8 % ein rein finanzielles Anreizsystem bevorzugen und nur 9,8 % ein Anreizsystem, das nur auf nichtfinanziellen Anreizen beruht, als das effektivste wahrnehmen. Das legt, wie erwartet, nahe, dass Unternehmen ein Anreizsystem einführen sollten, das sowohl finanzielle als auch nichtfinanzielle Anreize umfasst, um die Mehrheit der Mitarbeiter zu erreichen (Koudelková & Milichovský, 2015).

Im Allgemeinen sind die vorwiegend angebotenen Anreize flexible Arbeitszeiten (60 %), Schulung und Weiterbildung (55,7 %), Lohnerhöhung (55,7 %), variable Vergütung oder Boni für das Erreichen vorher festgelegter Ziele (55,1 %) und Zusatzleistungen (54,1 %). Die Tatsache, dass flexible Arbeitszeit als der am häufigsten eingesetzte Anreiz bewertet wird, steht mit der vorhandenen Literatur in Einklang. Forscher vertreten die Ansicht, dass flexible Arbeitszeiten eines der stärksten Anreizinstrumente sind, durch deren Existenz Unternehmen als „Best-Practice"-Unternehmen in Bezug auf die Personalmanagementpraktiken eingestuft werden (Ciorbagiu-Naon, 2010; Knight & Kleiner, 2015). Beförderungen werden 39,5 % der Teilnehmer, Mitarbeiterrabattprogramme 28,1 %, Mentoring-Programme 26,5 % angeboten, und Fitness- oder Sportklubmitgliedschaften stehen 21,6 % der befragten Mitarbeiter zur Verfügung. In den befragten Unternehmen unterrepräsentierte Anreize waren Prämien für Mitarbeiter (10,3 %) und Unterstützung der Kinderbetreuung (9,7 %).

Insbesondere Familienunternehmen boten selten die oben genannten unterrepräsentierten Anreize Prämien für Mitarbeiter und Unterstützung der Kinderbetreuung an. Ein weiterer Unterschied zwischen Familien- und Nicht-Familienunternehmen ist festzustellen, wenn man einen Blick auf die Aufstiegschancen wirft. In Nicht-Familienunternehmen erhalten 43,2 % der Befragten Anreize in Form von Aufstiegschancen, wohingegen in Familienunternehmen nur 35,6 % die gleiche Chance besitzen. Dieses Ergebnis könnte potenziell die Erkenntnisse von Farrington et al. (2014) untermauern, dass Aufstiegschancen für Nicht-Familienmitglieder als eingeschränkt wahrgenommen werden, da die höheren Positionen Familienmitgliedern vorbehalten sind.

Schulung und Weiterbildung sind die am häufigsten angebotenen Anreize für Mitarbeiter in Nicht-Familienunternehmen, da 60,0 % von ihnen die Möglichkeit haben, an solchen Programmen teilzunehmen. Das entspricht den Erkenntnissen, die darauf verweisen, dass intern geschultes Personal von der angebotenen Schulung profitieren und dabei seine Loyalität gegenüber dem Unternehmen zunehmen wird, da sie sich anerkannt und nützlich fühlen. Außerdem ist es von Vorteil, Mitarbeiter intern zu schulen, anstatt höher qualifizierte Mitarbeiter einzustellen, da jene Mitarbeiter die Unternehmenskultur bereits kennen und Bindungen zu ihren Kollegen aufgebaut haben (Marin, 2012). Nur 51,1 % der Befragten aus Familienunternehmen arbeiten dagegen in Unternehmen, in denen ihnen Schulung oder Weiterbildung angeboten wird.

Die beiden Anreize variable Vergütung/ Bonus und Lohnerhöhung zeigten eine starke Präsenz sowohl in Familien- als auch Nicht-Familienunternehmen. 56,7 % der Befragten aus Familienunternehmen und auch 53,7 % aus Nicht-Familienunternehmen erhalten eine variable Vergütung oder einen Bonus für gute Leistungen. Lohnerhöhung wird ebenfalls als Anreizinstrument für 53,3 % der Befragten in Familienunternehmern und 57,9 % der Befragten in Nicht-Familienunternehmen angewandt. Darüber hinaus gibt es flexible Arbeitszeiten in 60,0 % der Familien- und Nicht-Familienunternehmen.

Zudem gab es auch andere Anreize, die in Familienunternehmen mehr vertreten waren. Zusatzleistungen werden 56,7 % aller Mitarbeiter von Familienunternehmen angeboten, während nur 51,6 % aller Befragten von Nicht-Familienunternehmen diesen Anreiz erhalten. Nachstehende Abbildung 7 vergleicht das Vorhandensein von Anreizen in Familienunternehmen und Nicht-Familienunternehmen.

Abbildung 7: Existenz von Anreizen in befragten Unternehmen

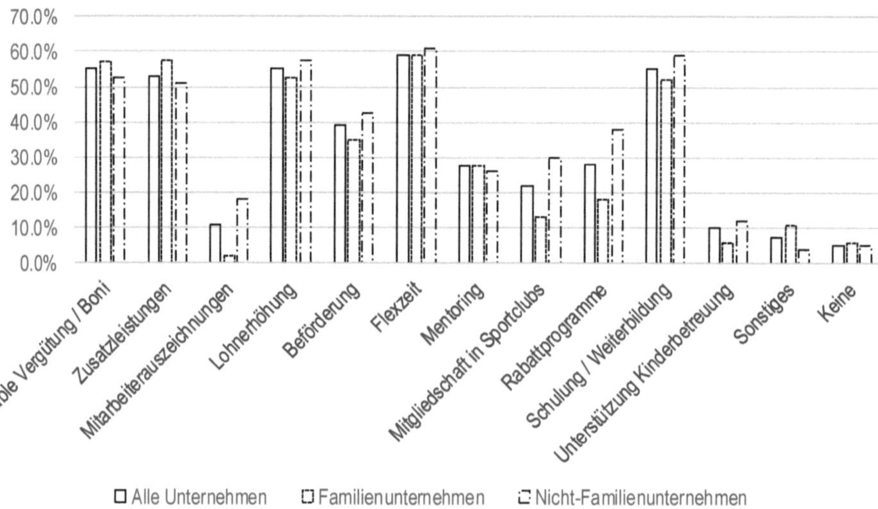

In einem nächsten Schritt wurde der Zufriedenheitsgrad mit den angebotenen Anreizen untersucht. Flexible Arbeitszeiten werden als der am meisten zufriedenstellende Anreiz angesehen. Diese Erkenntnis steht, wie weiter oben erläutert, mit der Literatur in Einklang und unterstreicht auch, warum Unternehmen diesen Anreiz am häufigsten einsetzen. Fitnessklub- und Sportklubmitgliedschaften stehen auf dem zweiten Platz, und Schulung und Weiterbildung belegen den dritten Platz.

Dagegen waren die Befragten mit Lohnerhöhungen und Aufstiegschancen in ihrem Unternehmen am wenigsten zufrieden. Man könnte behaupten, dass solche Ergebnisse mit der kurzfristigen Wirkung jener Anreize erklärt werden können, auf die Ciorbagiu-Naon (2010) verweist. Jene Ergebnisse würden auch erklären, warum materielle finanzielle Anreize allein keinen ausreichenden Anreiz für Mitarbeiter darstellen und Unzufriedenheit hervorrufen können, wenn Mitarbeiter eine Lohnerhöhung oder Beförderung seit Längerem erwarten.

Betrachtet man einzeln nur Familienunternehmen, so ist festzustellen, dass, wenn in einem Familienunternehmen Unterstützung der Kinderbetreuung angeboten wird, die Befragten mit diesem Anreiz durchschnittlich zufriedener sind. Auf den zweiten Platz ihrer am meisten zufriedenstellenden Anreize setzen die Befragten aus Familienunternehmen die von Unternehmen angebotenen Mitgliedschaften in Fitness- oder Sportklubs. Auch flexible Arbeitszeiten werden von Befragten in hohem Maße anerkannt. Außerdem rangieren Mentoring-Programme, Zusatzleistungen und Schulung und Weiterbildung in Familienunternehmen unter den Anreizen mit höchster Zufriedenheit. Darüber hinaus wird analysiert, wie Mitarbeiter die Auswirkung bestimmter vorher ausgewählter materieller und nichtmaterieller Anreize auf ihre Motivation am Arbeitsplatz wahrnehmen. Es kann festgestellt werden, dass Lohnerhöhungen als einer der wichtigsten materiellen Motivatoren wahrgenommen wird, denn 87,57 % der Befragten verweisen auf eine hohe oder sehr hohe Wirkung auf ihre Motivation. Variable Boni und Beförderungen werden ebenfalls als höchst effektiv angesehen, um Mitarbeiter zu motivieren. Wie bei der vorstehenden Feststellung haben auch variable Boni und Beförderungen eine etwas höhere Auswirkung auf die Motivation von Befragten aus Familienunternehmen als von Befragten aus Nicht-Familienunternehmen. Insgesamt wiesen die Befragten materiellen Anreizen durchschnittlich eine neutrale bis hohe Auswirkung auf ihre Arbeitsmotivation zu. Schaut man sich die Ergebnisse in Bezug auf die Auswirkungen nichtmaterieller Anreize an, so stellt man fest, dass nichts eine stärkere Wirkung auf die Arbeitsmotivation hat, wie die Schaffung einer interessanten und anspruchsvollen Arbeitsaufgabe für den entsprechenden Mitarbeiter. Über 94 % aller Befragten stimmen zu, dass dieser Anreiz eine hohe oder sehr hohe Wirkung auf ihre Motivation hat. Das steht mit der allgemeinen Motivationsforschung in Einklang, aus der hervorgeht, wie intrinsische Motivation durch die (Um-) Gestaltung der Arbeitsaufgabe selbst verbessert werden kann, wenn diese interessant und anspruchsvoll ist (Nohria et al., 2008; Yoon et al., 2015).

In der Literatur erwähnen verschiedene Autoren auch die einfache, jedoch wirksame Technik des Zeigens von Wertschätzung und Anerkennung für eine gut erledigte Arbeitsaufgabe. Die Ergebnisse der Befragung bestätigen diese Erkenntnis, denn Wertschätzung und Anerkennung von Vorgesetzten haben für 91,35 % sämtlicher Befragten eine hohe oder sehr hohe Auswirkung auf die Motivation. Außerdem gehörten die Möglichkeit der persönlichen Entwicklung, die Einbeziehung in die Entscheidungsfindung, die Möglichkeit, Verantwortung zu übernehmen, die Entwicklung von neuem Wissen und neuen Fertigkeiten sämtlich zu den Spitzenanreizen. Diese Erkenntnisse sind ein klarer Beleg dafür, dass viele nichtmaterielle Anreize große Triebkräfte für die Mitarbeitermotivation sind. Nur der materielle Anreiz der Lohnerhöhung kann eine stärkere Wirkung auf die Motivation haben als nichtmaterielle Anreize. Mit Ausnahme von einem wird allen nichtmateriellen Anreizen eine mindestens über neutral liegende Wirkung auf die Arbeitsmotivation zugesprochen. Einige jener materiellen Anreize wie klar definierte Karriereschritte, Feedback-Systeme oder Schulung besitzen eine stärkere, fast große Auswirkung auf die Motivation als andere Anreize wie Unterstützung der Kinderbetreuung oder Mentoring.

Schaut man sich die Anreizsysteme an, zeigt sich, dass nur 5 % der Befragten das Anreizsystem ihres Unternehmens als sehr unbefriedigend wahrnehmen, und eine weitere Minderheit von 9 % damit unzufrieden ist. 86 % der Befragten stimmen zu, dass sie mindestens moderat mit den angebotenen Anreizen zufrieden sind, wovon 35 % moderat zufrieden, 44 % zufrieden und 7 % sehr zufrieden sind.

Zum Schluss sollten die Befragten die Anreize einstufen, die als am wichtigsten wahrgenommen wurden. Interessanterweise schaffte es nur ein finanzieller Anreiz, die Lohnerhöhung, unter die Top 5. Eine anspruchsvolle Arbeitsaufgabe wirkt sich bei 19,46 % aller Befragten am stärksten auf die Motivation aus. Dieses Ergebnis steht mit den Erkenntnissen von Yoon et al. (2015) in Einklang, die nachweisen, dass trotz des Vorhandenseins aller Arten von extrinsischen Motivatoren die Schaffung einer Arbeitsaufgabe, die Mitarbeiter intrinsisch motiviert, indem sie ein Gefühl der Herausforderung haben, ebenso vorteilhaft wie ein extrinsischer Anreiz sein kann. Die Ergebnisse der Auswertung stützen auch frühere Erkenntnisse bezüglich der Einführung flexibler Arbeitszeiten, da sie am zweithäufigsten als Anreiz Nummer eins angeführt wurden und sich insgesamt 47,57 % der Befragten entschieden, flexible Arbeitszeiten zu ihren persönlichen Top 5 zu wählen. Die Wertschätzung durch Führungskräfte ist der vierte Anreiz unter den Top 5 der Mitarbeiter, und mit einer Befürwortung durch 32,97 % der Befragten ist die Fähigkeit zur Übernahme von Verantwortung der letzte Anreiz in der Top-5-Bewertung.

Insgesamt kann festgestellt werden, dass es nur ein materieller Anreiz in die Liste der Top 5 geschafft hat. Die anderen vier Anreize sind alle nichtmateriell und nicht mit Geld verbunden. Diese Erkenntnisse untermauern die jüngste Literatur, die Unternehmen in zunehmendem Maße dazu drängt, einen Übergang von externen, rein finanziellen Motivatoren zu nichtfinanziellen und intrinsischen zu vollziehen. Nichtsdestotrotz gibt es immer noch Gründe, einige externe finanzielle Stimuli aufrechtzuerhalten, da sie von vielen Mitarbeitern immer noch als primärer Motivator wahrgenommen werden (Ciorbagiu-Naon, 2010). Es gibt einen klaren Beleg dafür, dass Unternehmen ihre Anreizsysteme ausbauen müssen und sich neben einigen materiellen Anreizen wie Lohnerhöhung mehr auf nichtmaterielle Motivatoren konzentrieren sollten, um langfristiges Engagement zu erzeugen und einen Verdrängungseffekt der intrinsischen Motivation zu vermeiden. Die oben genannten nichtmateriellen Anreize haben alle eine starke Wirkung auf die Motivation der Befragten und können eingeführt werden, ohne dass dem Unternehmen Kosten entstehen.

4.4.2 Regressionsanalysen und Hypothesentest

Die Regressionsanalyse zeigt, dass das Vorhandensein von vier von fünf materiellen Anreizen eine signifikante Auswirkung auf die Motivation hat. In erster Linie hat das Anbieten von Boni zusätzlich zum Grundgehalt eine positive und signifikante Wirkung auf die Arbeitsmotivation. Diese Erkenntnis steht mit früheren Arbeiten auf diesem Gebiet in Einklang, aus denen hervorgeht, dass ein Bonus die Motivation, sich mehr anzustrengen, erhöht (Benabou & Tirole, 2003). Es besteht dagegen keine signifikante systematische Beziehung zwischen einer Lohnerhöhung und der Wahrscheinlichkeit, hoch motiviert zu sein. Trotz der Tatsache, dass die vorhandene Literatur diese Feststellung weitestgehend nicht vertritt, könnte es auch Forschungsarbeiten geben, die mit dieser Erkenntnis in Einklang stehen. Dzuranin et al. (2013) sind der Auffassung, dass eine reine Gehaltserhöhung nur ein Zusatz zum Gehalt ist, wodurch die Wirkung dieses Anreizes gemindert wird. Die Begründung dafür wird als „Trennbarkeit von Anreizen“ bezeichnet. Menschen neigen dazu, ihr Einkommen in verschiedene mentale Konten einzuteilen. Eine Lohnerhöhung wird aller Voraussicht nach als zusätzliches Gehalt und nicht speziell als eine zusätzliche Belohnung für eine persönliche Leistung angesehen. Deshalb wertschätzen Menschen diesen Anreiz nicht so stark wie Anreize, die vom Grundgehalt unterschieden werden können, was eine Unterbewertung des Anreizes zur Folge haben könnte. Daraus erklärte sich dann auch, warum die Wirkung einer Lohnerhöhung auf die Motivation in dieser Arbeit weniger signifikant ist.

Schauen wir uns Beförderungen als einen Anreiz an. Ich weise nach, dass eine positive und signifikante Verbindung zwischen einer Beförderung und der Wahrscheinlichkeit, dass ein Mitarbeiter hoch motiviert wird, besteht. Diese Erkenntnisse sind ein direkter Beleg dafür, dass sich eindeutig mit einer Leistung verbundene Anreize positiv auf die Motivation von Mitarbeitern auswirken, was von Nohria et al. (2008) gefolgert wurde.

Insgesamt bietet die Analyse einen klaren Beleg für die erste Hypothese, dass materielle Anreize eine positive Wirkung auf Motivation haben. Die Erkenntnisse stehen mit der vorhandenen Literatur in Einklang, in der materielle Anreize als einige der am weitesten verbreiteten und angewandten Anreize ansieht. Es besteht ein Konsens darüber, dass eine positive Wirkung auf die Motivation von Mitarbeitern, zusätzliche Anstrengungen zu unternehmen, besteht, wenn materielle Anreize vorhanden sind (Farrington et al., 2014; Koudelková & Milichovský, 2015; McEvoy, 1984).

Die Ergebnisse der zweiten Hypothese zeigen, dass Mitarbeiterprämien, Flexzeit und Mentoring insgesamt positive und signifikante Auswirkungen auf die Motivation erkennen lassen. Diese Erkenntnis stützt die Untersuchung von Knight und Kleiner (2015), die feststellen, dass Unternehmen, die sogenannte „Flexzeit“-Programme einführen, als Best-Practice-Arbeitgeber betrachtet werden. Insgesamt belegen die Ergebnisse eindeutig die Unterstützung der Hypothese. Diese Erkenntnisse betonen die Bedeutung der Aufnahme nichtmaterieller Anreize in das Anreizsystem eines Unternehmens im Hinblick auf die Beibehaltung eines hohen Niveaus der Arbeitsmotivation unter Mitarbeitern.

Bis jetzt haben wir die Auswirkung materieller und nichtmaterieller Anreize auf die Motivation der Mitarbeiter untersucht. Im nächsten Schritt werde ich die Auswirkung der allgemeinen Zufriedenheit mit dem Anreizsystem auf die Motivation sowie die moderierende Wirkung von Familienunternehmen auf das Verhältnis von Zufriedenheit mit dem Anreiz und der Motivation untersuchen. Aus der Regression können wir erkennen, dass der Moderator sowie die Variable Zufriedenheit mit dem Anreiz beide positive Koeffizienten besitzen. Nichtsdestotrotz wird die positive Relation von Zufriedenheit mit dem Anreiz und Motivation durch die moderierende Variable Familienunternehmen vermindert. Es könnte einige Gründe geben, warum die Wirkung mit Moderator geringer als ohne Moderator ist. Trotz des vorherigen Arguments, dass in Familienunternehmen ein höheres Maß an Interesse und Sorge herrscht und sie für ihre Mitarbeiter keine Mühe scheuen, weisen Reid und Adams (2001) nach, dass Familienunternehmen in Bezug auf Personalmanagement-Richtlinien und praktische Umsetzungen hinter Nicht-Familienunternehmen zurückliegen, da ihre organisationale Kompetenz beschränkt ist. Sie sind ebenfalls der Auffassung, dass sich in Familienunternehmen ein Wandel vollzieht, der durch die neuen Familiengenerationen angetrieben wird, die diesen Rückstand aufholen wollen. Aber diese Tatsache könnte dennoch die Wirkungen dieser Studie und insbesondere dieses Modells erklären.

Alles in allem gibt es nur wenige Belege für die Aufrechterhaltung der Hypothese, dass die Wirkung der Zufriedenheit mit dem Anreiz auf die Motivation von Mitarbeitern in Familienunternehmen stärker ist. Die moderierende Wirkung eines Familienunternehmens ist signifikant, das Verhältnis zwischen Zufriedenheit mit dem Anreiz und Motivation schwächt sich jedoch ab, wenngleich es noch immer positiv ist. Aus diesem Grund verwerfe ich die auf den Erkenntnissen dieses Modells basierende

Hypotheke teilweise, da es keinen Beleg dafür gibt, dass eine stärkere Wirkung auf Mitarbeiter von Familienunternehmen vorliegt. Im Vergleich zeigt das Modell sogar eine verwässerte positive Auswirkung auf Familienunternehmen.

4.5 Schlussfolgerungen, Implikationen und Limitationen

4.5.1 Theoretische Schlussfolgerungen

Die Daten der Befragung zeigen, dass materielle Anreize wie Boni und Lohnerhöhungen zu den in Unternehmen am häufigsten angewandten Anreizen gehören und dass insbesondere Änderungen des Grundgehalts als der effektivste Anreiz in Bezug auf Motivation angesehen werden. Solche Ergebnisse untermauern die vorhandene Literatur, die eine starke Präsenz monetärer Anreize in Unternehmen nachweist und auf die bei Mitarbeitern wahrgenommene starke Präferenz für monetäre Anreize verweist, auch wenn sie für die Arbeitgeber nicht unbedingt die effektivsten sein müssen (Dzuranin et al., 2013). Nichtdestotrotz ist festzustellen, dass das bloße Vorhandensein nicht unbedingt dazu führt, dass Mitarbeiter mit solchen Anreizen zufrieden sind. Die Ergebnisse zeigen, dass Lohnerhöhungen und Aufstiegschancen die am wenigsten befriedigenden Anreize sind, die vor allem Mitarbeitern in Familienunternehmen gewährt werden. Aufbauend auf jüngsten Arbeiten ergänzen wir die Ansicht von Farrington et al. (2014), dass nicht zur Familie gehörende Mitarbeiter mit ihrer Vergütung weniger zufrieden sind und ihre Aufstiegschancen als eingeschränkt und unbefriedigend wahrnehmen.

In einem nächsten Schritt wird nachgewiesen, dass auch das Vorhandensein nichtmaterieller Anreize Auswirkungen auf die Wahrscheinlichkeit hat, Mitarbeiter in hohem Maße zu motivieren. Insbesondere flexible Arbeitszeiten stechen andere nichtmaterielle Anreize aus, da sie der am häufigsten umgesetzte nichtmaterielle Anreiz mit den höchsten Zufriedenheitsergebnissen sind. Außerdem gehören sie zu den Top fünf der Anreize und haben im Regressionsmodell eine signifikant positive Wirkung auf die Motivation. Mit solchen Feststellungen belegt die Studie die Erkenntnisse einiger der zugrundeliegenden Arbeiten, die auf die Bedeutung von Flexibilität bei der Arbeitszeitplanung verweisen (Ciorbagiu-Naon, 2010; Knight & Kleiner, 2015). Überdies zeige ich auf, dass nichtmaterielle Anreize im Hinblick auf die Motivation von Mitarbeitern eine machbare Alternative zu materiellen Anreizen darstellen, da die Befragten eher nichtmaterielle als materielle Anreize als stark motivierend wahrnehmen. Die Ergebnisse des Rankings lassen außerdem einen Beleg für die Literatur über die steigende Relevanz und Popularität nichtmaterieller Anreize klar erkennen (Dzuranin et al., 2013).

Abschließend wird das Verhältnis zwischen Zufriedenheit mit dem Anreizsystem und Wirkung des Familienunternehmens als Moderator analysiert. Die Ergebnisse konnten die Annahme nicht belegen, auch wenn eine signifikante und positive Wirkung der Zufriedenheit mit dem Anreizsystem auf die Motivation analysiert wird. Jene Erkenntnisse stehen teilweise im Widerspruch zu den Erkenntnissen in den Beschreibungsteilen, welche auf eine größere Zufriedenheit mit den vordefinierten Anreizen in Familienunternehmen als in Nicht-Familienunternehmen verweisen. Deshalb sind die Erkenntnisse teilweise nicht beweiskräftig.

4.5.2 Praktische Implikationen

Zunächst einmal müssen sich Unternehmen bewusstmachen, dass Lohnerhöhungen, Boni oder Beförderungen die intuitivsten Anreize zu sein scheinen, ihre bloße Existenz jedoch keine motivierten Arbeitskräfte hervorruft. Im Gegenteil, die Tatsache, dass die meisten Mitarbeiter mit solchen Anreizen unzufrieden sind, zeigt, dass ungeschickt eingeführte und umgesetzte Anreize sogar Unzufriedenheit zur Folge haben können.

Zudem wird es von Bedeutung sein, dass sich Unternehmen in zunehmendem Maße auf die Einführung nichtmaterieller Anreize konzentrieren. Erstens betrachten Mitarbeiter diese Anreize als hoch wirksam und zweitens können die meisten jener Anreize mit geringen Kosten oder sogar kostenlos eingeführt werden. Viele von ihnen erfordern nur, dass sich Vorgesetzte bemühen, sich für die Leistung ihrer Mitarbeiter zu interessieren und sie anzuerkennen. Unter wirtschaftlichen Bedingungen, in denen der steigende Druck auf das Geschäftsergebnis für die meisten Unternehmen zu einem großen Problem wird, bieten nichtmaterielle Anreize eine ausgezeichnete Möglichkeit, hoch motivierte Mitarbeiter anzuziehen.

Ein wichtiger Punkt, der in vorhandenen Forschungsarbeiten unzureichend berücksichtigt wird, ist die Tatsache, dass der Motivation eines Mitarbeiters möglicherweise andere Bedürfnisse zugrunde liegen. Diese Studien zeigen, dass die Jahre der Arbeitserfahrung und die Stellung im Unternehmen eine signifikante Auswirkung auf die Motivation haben. Aus diesem Grund könnte man auch die Auffassung vertreten, dass sich die Präferenzen für bestimmte Anreize im Lauf der Zeit und auch beim Erklimmen der Karriereleiter verändern. Ellemers et al. (2004) untermauert, dass es keine allgemeingültige Methode zur Motivation von Mitarbeitern gibt, und dass ein Motivationsproblem nicht schnell durch die Einführung bestimmter Anreize gelöst werden kann. Es ist entscheidend, dass Unternehmen mit den Mitarbeitern kommunizieren und interagieren und ihre individuellen Bedürfnisse ermitteln. Unter Berücksichtigung dieses Ansatzes sollten Unternehmen nur solche sich ergebenden Anreize einführen, die einen Wertbeitrag für das Unternehmen leisten und zu einer höheren Leistung führen.

Abschließend wird festgestellt, dass Mitarbeiter von Familienunternehmen allgemein mit den angebotenen Anreizen zufriedener sind. Nichtsdestotrotz konnte die dritte Hypothese keine signifikante Wirkung auf die Motivation nachweisen. Aus diesem Grund sind die Ergebnisse mit einer gewissen Vorsicht zu betrachten. Familienunternehmen bieten ihren Mitarbeitern allgemein weniger Anreize, aber die angebotenen erzeugen einen höheren Grad der Zufriedenheit. Angesichts dessen, könnte der Umstand, dass sich Familienunternehmen besonders für das Wohlergehen und die Befriedigung der Bedürfnisse ihrer Mitarbeiter interessieren, der Grund dafür sein, dass Familienunternehmen ihre beschränkten Mittel effektiver einsetzen, indem sie die Anreize besser auf die Bedürfnisse ihrer Mitarbeiter abstimmen (Bammens et al., 2015). Argumentiert man von einem ressourcenbasierten Standpunkt aus, der vom Humankapital als der wertvollsten Ressource eines Unternehmens ausgeht, kann ein hoher Grad an Zufriedenheit mit den Anreizen Mitarbeiter dazu bringen, zusätzliche Anstrengungen am Arbeitsplatz zu unternehmen und so zu einer Leistungssteigerung des Unternehmens beitragen. Die vorliegende Arbeit von Koudelková und Milichovský (2015) vertritt sogar die noch weitergehende Auffassung, dass eine hohe Mitarbeitermotivation zur erfolgreichen Erzeugung von Innovation führt. Wenn man das berücksichtigt, müssten Familienunternehmen alles daransetzen, von ihren Mitarbeitern gewünschte Anreize anzubieten, um sich ihren hohen Grad an Innovationsfähigkeit zu erhalten.

Hanna Kay

5 Führung und Innovation

Der Einfluss von Führungsstilen und Mitarbeitermotivation auf Innovationen

5.1 Einleitung

Über 70 % der Unternehmen weltweit sind Familienunternehmen, was sie zu einer der bedeutendsten Trägern von Erwerbstätigkeit und nationaler Produktivität macht (Kraus, Pohjola & Koponen, 2012). Deshalb ist es nicht überraschend, dass das Interesse für das Forschungsgebiet Familienunternehmen in den letzten Jahren beträchtlich zugenommen hat (Padilla-Meléndez, Dieguez-Soto & Garrido-Moreno, 2015). Viele Wissenschaftler haben auf die Unterschiede zwischen Familienunternehmen und anderen Unternehmensformen aufmerksam gemacht (Pounder, 2015), was die Bedeutung einer Forschung, die sich mit den spezifischen Vorteilen und Problemen dieser Unternehmen beschäftigt, hervorhebt. Ein Hauptunterscheidungsmerkmal besteht in dem eindeutigen Ziel der Familienmitglieder, den Besitz zu erhalten und das Überleben des Unternehmens sicherzustellen, um für die Zukunft ihrer Kinder vorzusorgen (Kraus et al., 2012). Mit dieser Haltung geht die Bereitschaft einher, auf eigene Vorteile zu verzichten, um der nächsten Generation bessere Ausgangsbedingungen zu bieten, was im Hinblick auf Innovation und Bereitschaft zur Aufwendung von Mitteln einen Vorteil darstellen kann (Bennedsen & Foss, 2015). Andererseits stehen Familienunternehmen oftmals in dem Ruf, ziemlich konservativ und veränderungsresistent zu sein (Nieto, Santamaria & Fernandez, 2015). Diese widersprüchlichen Erkenntnisse im Zusammenhang mit innovativem Verhalten in Familienunternehmen zeigen wiederum, dass weitere Forschung auf diesem Gebiet, das bis jetzt relativ wenig Beachtung gefunden hat, erforderlich ist (Bennedsen & Foss, 2015; Kraus et al., 2012).

Um weitere Einblicke in innovatives Verhalten zu erlangen, müssen die unterschiedlichen Einflussfaktoren betrachtet werden. Viele Wissenschaftler haben bereits darauf aufmerksam gemacht, dass eine Hauptquelle für eine erfolgreiche Innovation das Wissen von nicht zur Familie gehörenden Mitarbeitern ist (Cunningham, Seaman & McGuire, 2016). Um dieses Fachwissen in die richtigen Bahnen zu lenken, müssen Mitarbeiter bereit sein, es mit ihren Führungskräften und dem Unternehmen zu teilen. Das kann nur erreicht werden, wenn Mitarbeiter in ihrer Arbeitsaufgabe aufgehen und sich mit dem Unternehmen identifizieren (Ramos, Man, Mustafa & Ng, 2014). Die Motivation von nicht zur Familie gehörenden Mitarbeitern ist eine der wichtigsten Aufgaben, die Führungskräften insbesondere im Rahmen eines Familienunternehmens zukommt. Sie wird sowohl durch organisationale Faktoren als auch persönliche Faktoren bestimmt und hat kontinuierlich zu erfolgen (Miller, Wright, Le Breton-Miller & Scholes, 2015). Führung scheint ein ebenso wichtiger Bestandteil von Motivation zu sein wie der Aufbau einer Kultur, die Innovation fördert (Koudelková & Milichovský, 2015). Es hat sich gezeigt, dass insbesondere in Familienunternehmen die Beziehung zwischen der Eigentümerfamilie und den nicht zur Familie gehörenden Mitarbeitern enger ist (Ramos et al., 2014). Das bringt eine größere wahrgenommene organisationale Unterstützung mit sich, die wiederum das Mitarbeiterengagement erhöht (Bammens, Notelaers & van Gils, 2015).

Die Hauptfrage, welche diese Studie beantworten möchte, ist deshalb, welche Auswirkung Führungsstil und Motivationsgrad von nicht zur Familie gehörenden Mitarbeitern auf Familienunternehmen haben. Zu diesem Zweck wurde die vorhandene Literatur auf dem Gebiet von Führung, Motivation und Innovation sowie betriebswirtschaftliche Literatur, in der diese drei Felder enthalten sind, analysiert. Darüber hinaus wurden Erkenntnisse in einem Modell zusammengefasst und herausgearbeitet. Zur Untermauerung dieser Erkenntnisse wurden acht Tiefeninterviews mit Familienmitgliedern und nicht zur Familie gehörenden Mitarbeitern geführt. Hauptziel bei diesem Vorgehen war es herauszufinden, ob die drei Dimensionen Führung, Motivation und Innovation einander beeinflussen und wenn ja, in welchem Umfang das geschieht.

5.2 Literaturanalyse

5.2.1 Führung

Führung wird als ein Teil der Führungsaufgaben definiert, der dazu führt, dass andere Mitarbeiter einem gemeinsamen Ziel und den zu dessen Erreichen erforderlichen Schritten zustimmen (Efferin & Hartono, 2015; Jong & Den Hartog, 2007). Im Fall von Familienunternehmen sind Eigentümer und Führungsverantwortlicher häufig ein und dieselbe Person, wodurch er bzw. sie weniger von anderen Interessengruppen abhängig und deshalb in seiner bzw. ihrer Führung uneingeschränkt ist (Bernhard & O'Driscoll, 2011). Aus diesem Grund müssen Führungskräfte in Familienunternehmen unterschiedliche Führungsstile berücksichtigen und bedenken, ob derjenige, für den man sich entschieden hat, eine positive Wirkung auf die Motivation von nicht zur Familie gehörenden Mitarbeitern und die Unternehmenskultur hat (Bernhard & O'Driscoll, 2011; Efferin & Hartono, 2015). In der Literatur findet man viele unterschiedliche Führungsstile, einige von ihnen können miteinander kombiniert werden, andere sind komplett gegensätzlich. In meiner Studie habe ich mich auf das Familienunternehmen-Range-Führungsmodell konzentriert, welches transformationale, transaktionale und Laissez-Faire-Führung vereint (Robbins & Judge, 2015).

Führungsverantwortliche, die sich für einen transformationalen Führungsstil entscheiden, besitzen eine klare Vision und wertschätzen ihre Mitarbeiter nicht nur wegen ihrer Arbeitsbereitschaft (Vallejo, 2009a). Dieser Typus von Führungsverantwortlichen verfolgt eher langfristige Ziele und ermutigt andere zu selbständigem Denken (Jong & Den Hartog, 2007; Vallejo, 2009a). Dadurch ist die Beziehung zwischen dem Führungsverantwortlichen selbst und den Mitarbeitern eng und persönlich, was ihnen die Berücksichtigung individueller Bedürfnisse und persönlicher Entwicklung innerhalb des Unternehmens ermöglicht (Bernhard & O'Driscoll, 2011; Jong & Den Hartog, 2007). Verschiedene Wissenschaftler stellten fest, dass transformationale Führung in Familienunternehmen am häufigsten angewandt wird, und dass zudem von ihr die größte Auswirkung auf Motivation und Produktivität von nicht zur Familie gehörenden Mitarbeitern zu erwarten ist (Eddleston, 2008; Vallejo, 2009a). Das kann mit den Werten von Familienunternehmen wie Loyalität, Vertrauen und stark bindender Vision erklärt werden, die sehr gut zu den Merkmalen transformationaler Führung passen (Vallejo, 2009a).

Transaktionale Führungsverantwortliche leiten ihre Mitarbeiter an, indem sie entweder klare Ziele und Richtlinien vorgeben oder Belohnungen nutzen, um gute Leistung zu vergüten und das Erreichen vereinbarter Zielsetzungen und unternehmerischer Ziele zu honorieren. Außerdem überwacht er bzw. sie die Verhaltensweisen von Mitarbeitern und führt bei Bedarf Korrekturmaßnahmen ein. (Bernhard & O'Driscoll, 2011; Vallejo, 2009a; Vallejo, 2009b). Bernhard und O'Driscoll (2011) vertreten überdies die Meinung, dass auch transaktionale Führung den Mitarbeitern eine Gelegenheit gibt, die Kontrolle zu übernehmen, um ihre eigene Leistung zu verbessern und Eigentumsgefühle zu entwickeln, wenn auch der Effekt nicht so stark wie beim transformationalen Führungsstil ist.

Der Laissez-Faire-Führungsverantwortliche gibt ähnlich wie der transaktionale Unternehmensführer klare Ziele vor, die seine Mitarbeiter erreichen sollen, bei ihm fehlt jedoch die erforderliche Einbringung in kritischen Situationen. Führungsverantwortliche, die diesen Führungsstil praktizieren, erwarten, dass Mitarbeiter (Sorenson, 2000) diese Ziele sowie zukünftige Herausforderungen proaktiv verfolgen (Bernhard & O'Driscoll, 2011; Sorenson, 2000). Auf Grund dieser Charakteristik und der den Mitarbeitern gewährten, vollständigen Freiheit wird oft erwartet, dass der Laissez-Faire-Stil schlechte Performance und weniger Engagement zur Folge hat (Sorenson, 2000).

5.2.2 Motivation

Die Mitarbeiter zu motivieren, ist eine der entscheidendsten Aufgaben, die ein Führungsverantwortlicher in seiner Position zu erfüllen hat. Motivation hat nicht nur einen Einfluss auf die Leistung des einzelnen Arbeiters, sondern den Erfolg des Unternehmens, was sowohl für Familienunternehmen als auch jegliche andere Unternehmensform gilt (Bammens et al., 2015; Engelbrecht, Heine & Mahembe, 2014; Koudelková & Milichovský, 2015; Nohira, Groysberg & Lee, 2008). Wenn Mitarbeiter sich motiviert fühlen, engagieren sie sich aller Wahrscheinlichkeit nach mehr für ihre Arbeit und schaffen damit bessere Ergebnisse, was im Endeffekt Unternehmen bei der Überwindung schwieriger Zeiten helfen kann (Engelbrecht et al., 2014; Koudelková & Milichovský, 2015). Der allgemein hohe Motivationsgrad, den Wissenschaftler in Familienunternehmen festgestellt haben, erklärt sich aus der fürsorglichen Beziehung zwischen der unternehmensführenden Familie und nicht zur Familie gehörenden Mitarbeitern, was die „Wahrnehmung organisationaler Unterstützung" zur Folge hat (Bammens et al., 2015, S. 124). Um diese Motivation in die richtigen Bahnen zu lenken, müssen Unternehmen unterschiedliche Strategien anwenden und versuchen, ein Umfeld zu schaffen, das die Mitarbeiter als zufriedenstellend empfinden (Glenn M. McEvoy, 1984; Patel & Conklin, 2012).

Es gibt verschiedene Faktoren, die einen Einfluss auf die Motivation von nicht zur Familie gehörenden Mitarbeitern in Familienunternehmen haben, viele von ihnen sind Bestandteil der Organisation und der Arbeitsgestaltung, wozu Führungsstil sowie Anreizpläne gehören (Barnett & Kellermanns, 2006; Park, Kim & Krishna, 2014). Überdies trägt die durch den Einfluss der Familie herausgebildete spezifische Kultur zur Erzeugung von Identifikation und Engagement bei (Barnett & Kellermanns, 2006; Leenders & Waarts, 2003; Park et al., 2014; Pounder, 2015). Das heißt, wenn Mitarbeiter in Familienunternehmen Vertrauen in Bezug auf die Organisation und die

Eigentümerfamilie entwickeln, werden sie wahrscheinlich bessere Leistungen erbringen und eher bereit sein, ihr Wissen und ihre Ideen zu teilen (Cunningham et al., 2016; Memili & Welsh, 2012; Park et al., 2014). Schlüsselfaktor für diesen Grad des Vertrauens sowie diese Zielsetzung und eine erfolgreiche Feedback-Kultur ist eine offene Kommunikation, die Bestandteil der Motivationsmaßnahmen werden muss (Engelbrecht et al., 2014; Glenn M. McEvoy, 1984; Ndubisi & Ndubisi, 2013).

Darüber hinaus ist das Verständnis für persönliche Faktoren wie Zufriedenheit und persönliche Identifikation bei der Mitarbeiterführung von nicht zur Familie gehörenden Mitarbeitern und der Erzeugung positiver Verhaltensweisen entscheidend (Memili & Welsh, 2012; Ramos et al., 2014). Vor allem psychologische Eigentumsgefühle besitzen eine große Wirkung, da sie nicht nur einen direkten Effekt auf die Mitarbeiterleistung haben, sondern auch als vermittelnde Variable zwischen vielen anderen Faktoren wie transformationaler Führung und Zufriedenheit dienen. Spüren Mitarbeiter diesen Zusammenhang, ist es wahrscheinlicher, dass sie eigentümerähnliches Verhalten an den Tag legen, was wiederum bessere Leistung, stärkeres Engagement und persönliches Verantwortungsgefühl impliziert (Bernhard & O'Driscoll, 2011; Ndubisi & Ndubisi, 2013; Ramos et al., 2014). Darüber hinaus kann es als Ersatz für rechtmäßiges Eigentum benutzt werden, der ähnliche Verhaltensweisen und Einstellungen gegenüber dem Unternehmen und dem Arbeitsplatz auslöst, ohne dass die tatsächliche Kontrolle oder Beteiligung aufgegeben wird (Bernhard & O'Driscoll, 2011; Sieger, Bernhard & Frey, 2011).

Größere Loyalität und Zufriedenheit verringern außerdem die Kündigungsabsichten, wodurch die Kosten der Arbeitsbeziehungen gesenkt (Patel & Conklin, 2012) und die finanzielle Leistung sowie die Arbeitsatmosphäre positiv beeinflusst werden (Bernhard & O'Driscoll, 2011; Huang, Li, Meschke & Guthrie, 2015; Patel & Conklin, 2012). Ein weiterer Aspekt ist das Extra-Rollenverhalten, das zunimmt, wenn Mitarbeiter sich motiviert fühlen (Barnett & Kellermanns, 2006). Sie bieten ihre eigenen Ressourcen in Form von Können, Zeit und Arbeit an, um zum Erfolg des Unternehmens beizutragen (Bernhard & O'Driscoll, 2011; Sieger et al., 2011), und engagieren sich in Binnenunternehmertum, was bedeutet, dass sie neue Ideen erforschen und aktiv nach Möglichkeiten suchen, ohne ausdrücklich dazu angehalten worden zu sein (Park et al., 2014).

5.2.3 Innovation

Der Innovationsprozess umfasst die Erzeugung sowie die Umsetzung einer Idee (Jong & Den Hartog, 2007; Sergeeve, 2014), was mit einem hohen Maß an Kommunikation verbunden und von der Geschäftsführung zu steuern ist (Craig & Moores, 2006; Gibbs, Neckermann & Siemroth, 2014; Sanchez-Famoso, Maseda & Iturralde, 2014; Sergeeve, 2014). Darüber hinaus ist Innovation für den langfristigen Erfolg und das Überleben von Unternehmen entscheidend, da sie einen starken Einfluss auf die Wettbewerbsfähigkeit und das Wachstum des Unternehmens hat (Craig & Moores, 2006; Koudelková & Milichovský, 2015; Kraus et al., 2012; Nieto et al., 2015). Insbesondere Familienunternehmen, die mit dem Etikett risikoscheu und konservativ behaftet sind (Nieto et al., 2015), müssen sicherstellen, dass sie offen für Veränderung und dynamisch genug sind, um in der Lage zu sein, sich anzunehmenden Wettbewerb und ein sich schnell veränderndes Umfeld anzupassen (Miller et al., 2015; Yoon, Sung & Choi, 2015). Das Fundament für diese Fähigkeit bildet die Kultur des Familienunternehmens und seiner Geschäftsführung (Sorenson, 2000), die sicherstellen muss, dass die unterschiedlichen Einflussfaktoren sowie die internen und externen Quellen aktiviert werden, sich an der Entfaltung und schließlich dem organisationalen Erfolg zu beteiligen (Sanchez-Famoso et al., 2014; Sorenson, 2000). In diesem Zusammenhang stellen gründliche Fachkenntnisse und persönliches Engagement der Familie und der nicht zur Familie gehörenden Mitarbeiter die wichtigste Quelle innovativer Ideen dar (Koudelková & Milichovský, 2015), die so zu verwalten und zu unterstützen ist, dass solch eine Entfaltung Teil ihrer täglichen Arbeit wird (Bammens et al., 2015; Gibbs et al., 2014; Koudelková & Milichovský, 2015; Sanchez-Famoso et al., 2014). Abbildung 8 veranschaulicht die Wechselbeziehung zwischen Führung, Motivation und Innovation.

Abbildung 8: Wechselbeziehungen zwischen Unternehmensführung, Motivation und Innovation

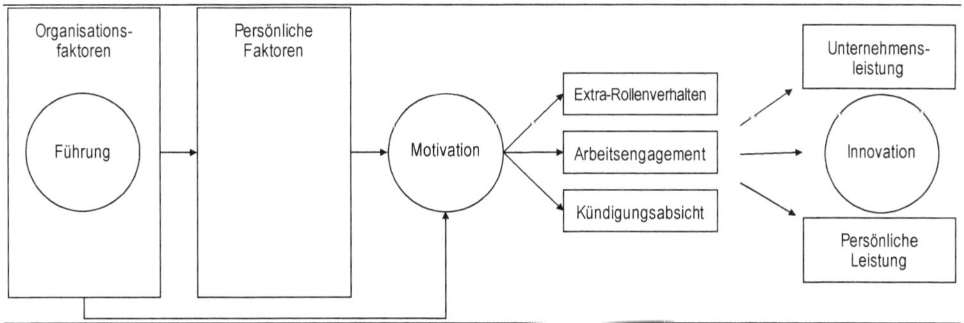

5.3 Ergebnisse

Im Folgenden werden die Ergebnisse der Interviews erläutert. Tabelle 2 gibt eine Übersicht zu den Interviewpartnern.

Tabelle 2: Angaben zu den Interviewpartnern

Nr.	Branche	Interview-partner	Position	Umsatz	Anzahl der Mitarbeiter
1	Textilwareneinzelhandel	1.A	Personalmanager	42 Mio. € (2013)	350
1	Textilwareneinzelhandel	1.B	Verkaufsmanager	42 Mio. € (2013)	350
2	Textilwareneinzelhandel	2.A	Chief Executive Officer	49 Mio. € (2013)	317
2	Textilwareneinzelhandel	2.B	Niederlassungsleiter	49 Mio. € (2013)	317
3	Weingut	3.A	Chief Executive Officer	168 Mio. € (2014)	285
3	Weingut	3.B	Zentraler Koordinator für Produktion, Planung und Kontrolle	168 Mio. € (2014)	285
4	Edelstahl-Rohrsysteme	4.A	Business Development Manager	32 Mio. € (2013)	280
4	Edelstahl-Rohrsysteme	4.B	Leiter Qualitätskontrolle Produktion & Leiter des Ideenmanagementsystems	32 Mio. € (2013)	280

Das erste der drei Gebiete, zu denen Fachleute befragt wurden, war der Bereich der Führung. Auf die Frage, was sie von ihren Führungsverantwortlichen erwarten, gehörten zu den von jedem der Mitarbeiter genannten, wichtigsten Faktoren eine starke und eindeutig übermittelte Vision sowie allgemeine Offenheit. Ein weiterer erwähnter Aspekt war die Präsenz des Geschäftsführers in kritischen Situationen sowie im täglichen Arbeitsleben, was darauf schließen lässt, dass Ansprechbarkeit und echte individuelle Beziehungen eine wesentliche Auswirkung auf die Motivation von nicht zur Familie gehörenden Mitarbeitern haben können.

Alle Unternehmen gaben an, engen Kontakt zu den anderen Geschäftsbereichen, Mitarbeitern und der Geschäftsführung zu haben. Außerdem wird auf sehr kurze Kommunikationskanäle verwiesen, was Interviewpartner 4.A auf die Größe der Unternehmen zurückführte. Interviewpartner 1.A beschreibt dagegen die Tatsache, dass sich Mitarbeiter jederzeit an die aus der Familie stammenden Führungsverantwortlichen wenden können, als „das Verständnis von Familienunternehmen und ein Bedürfnis, persönliche Beziehungen herzustellen." Nur in Unternehmen 4 erleben Mitarbeiter eine andere Situation, da hier die Familie nicht aktiv im operativen Geschäft tätig ist und deshalb diese Form von persönlichem Kontakt und persönlicher Beziehung zu der Eigentümerfamilie nicht möglich ist.

Auf die Frage, ob sich der Führungsstil im Lauf der Jahre parallel zu den Generationswechseln im Unternehmen geändert hat, waren die Antworten vielfältiger. Alle Interviewpartner berichteten von einem Wechsel, der in den Fällen von Unternehmen 2 und Unternehmen 4 direkt mit dem Eintritt eines externen Geschäftsführers verbunden war. Interviewpartner 1.A wiederum gab an, dass Ursache für den in Unternehmen 1 stattgefundenen Führungswechsel das Wachstum und die veränderten Zeiten waren, dem Interviewpartner 4.A sowie Interviewpartner 3.B ebenfalls beipflichteten. Auch Interviewpartner 1.B sieht die Zeit als Haupteinflussfaktor: „Früher war der Führungsstil autoritärer, heutzutage gibt es mehr Raum für Kreativität und persönliche Verantwortung."

Ein weiteres interessantes Detail, das von Interviewpartner 4.A angeführt wurde, ist, dass der extreme Wechsel des Führungsstils eine negative Auswirkung auf die Motivation seiner Mitarbeiter hatte. Viele ältere Menschen im Unternehmen waren an den alten Führungsstil gewöhnt und hatten es deshalb schwer, sich an die neue Situation zu gewöhnen, in der sie aufgefordert wurden, sich mehr zu beteiligen und einzubringen.

Die große Auswirkung der Führung auf die Motivation ist ein weiterer Aspekt des Interviews, dem jeder zustimmte. Wenn sich die nicht zur Familie gehörenden Mitarbeiter von ihrem Geschäftsführer geschätzt fühlen und er bzw. sie sie mit Respekt behandelt, führt das zu einer größeren Motivation. Außerdem erwähnten die Auskunftspersonen, wie wichtig es sei, bei der Führung anderer eine Vorbildrolle zu spielen, „man kann besondere Verhaltensweisen von seinen Mitarbeitern nur dann erwarten, wenn man die selbst formulierten Werte auch vorlebt" (Interviewpartner 1.A).

Zur Beurteilung des zweiten Aspekts fragte ich meine Partner, was sie persönlich motiviert und demotiviert. Ein von jedem erwähnter Aspekt war die Wertschätzung ihrer Arbeit und ihrer Errungenschaften, wobei diese von Seiten der Eigentümerfamilie, der Geschäftsführung oder ihren Mitarbeitern kommen kann. Interviewpartner 1.B erwähnte außerdem die persönliche Entwicklung, was Interviewpartner 4.A und Interviewpartner 4.B unterstützten. Der finanzielle Faktor wurde als wichtig, jedoch weniger entscheidend als die meisten anderen Aspekte bewertet. Allgemein war man der Auffassung, dass die Löhne und monetären Leistungen stimmen müssen, dass das jedoch kein Aspekt sei, der eine größere Auswirkung auf die Motivation hat. Interviewpartner 4.A erklärte auch, dass diese Auffassung nicht repräsentativ sei, da „der finanzielle Faktor für Mitarbeiter mit geringerem Verdienst bedeutungsvoller (sein könnte), sobald man jedoch eine bestimmte Gehaltsstufe erreicht, wird es weniger wichtig".

Demotivation wird in hohem Maße durch Stagnation hervorgerufen, die durch externe Faktoren, interne Prozesse oder Verwaltung verursacht wird. Insbesondere in Familienunternehmen hält man sich eher an etablierte Systeme und Prozesse, da sie mit den Traditionen verknüpft und von älteren Familienmitgliedern eingeführt wurden. Außerdem wurden das Fehlen von Wertschätzung und ein Führungsverantwortlicher, der jede getroffene Entscheidung kontrolliert, als demotivierende Einflüsse genannt.

Was die Messung des Motivationsgrads von nicht zur Familie gehörenden Mitarbeitern betrifft, so werden in allen Fällen persönliche Mitarbeitergespräche und Auswertungsgespräche genutzt. In Unternehmen 2 absolvieren Mitarbeiter ein jährliches Auswertungsgespräch, auf dem der letzte Zeitraum besprochen wird und neue Ziele entwickelt werden. Außerdem findet ein monatliches Gespräch zwischen dem Verkaufspersonal und dessen Bereichsleiter statt, auf dem die Zahlen durchgegangen und Probleme besprochen werden können. Ein weiterer, in Unternehmen 4 angewandter Indikator ist der Umfang von Einreichungen im Rahmen des betrieblichen Vorschlagswesens. Die Mitarbeiter sind motivierter, es besteht eine größere Wahrscheinlichkeit, dass über Innovationen nachgedacht wird und Möglichkeiten zur Verbesserung der Leistung des Unternehmens angeregt werden. Eine weitere Möglichkeit ist die Zusammenarbeit mit einer externen Einrichtung, die die Mitarbeiter befragt, um ehrlichere Ergebnisse zu erhalten. Dabei handelt es sich um einen wichtigen Aspekt, denn es könnte durchaus sein, dass einige Mitarbeiter den Grund für ihre Demotivation in einem persönlichen Gespräch nicht aussprechen.

Um das Auftreten von Demotivation zu verhindern, führten alle Firmen einige Maßnahmen ein, von denen angenommen wurde, dass sie ihre Mitarbeiter motivieren. Diese Maßnahmen reichten von der Gewinnumverteilung bis zum geselligen Beisammensein und Home-Office-Plätzen. Die Unternehmenskultur ist ein weiterer wesentlicher Aspekt, der von allen acht Interviewpartnern erwähnt wurde. Zur Veranschaulichung dieses Aspekts werden Werte wie Ehre, Vertrauen und Loyalität in Form von Leitsprüchen oder einer Unternehmensphilosophie angemessen definiert. Zudem erklären die Unternehmen, dass die Werte in die Unternehmenskultur aufgenommen und von den meisten Mitarbeitern gelebt werden. Diese Werte können dabei helfen, sich mit dem Unternehmen zu identifizieren, und deshalb die Motivation steigern.

Die letzte Dimension, zu der die Interviewpartner befragt wurden, war das innovative Verhalten und die Bedeutung der Mitarbeiter für die damit verbundenen Prozesse. Die Hauptunterschiede sind bei den eingerichteten Prozessen sowie der aktiven Suche nach Ideen festzustellen. Das ist auf die Tatsache zurückzuführen, dass nur zwei der Unternehmen, Unternehmen 3 und Unternehmen 4, Innovation als eine ihrer Hauptstärken formuliert haben. Auch wenn die Innovationsrate dieser beiden Firmen erheblich ist, und sie über Systeme verfügen, die Mitarbeitervorschläge auslösen, machen sie jedoch geltend, dass die meisten Innovationen von Seiten der Geschäftsführung stammen. Insbesondere Produktinnovation erfolgt durch die Geschäftsführung, während Mitarbeiter Ideen einbringen, die meistens einen Bezug zu ihrer Arbeit haben und zu Prozessinnovationen führen. Trotzdem sind die Fachkenntnisse der Mitarbeiter die wichtigsten Ressourcen, die in allen Unternehmen, ungeachtet von deren Innovationsgrad, in richtige Bahnen gelenkt werden müssen. Nicht zur Familie gehörende Mitarbeiter werden deshalb in die Entwicklung neuer Ideen einbezogen, was sowohl für die Umsetzung als auch den Erfolg wichtig ist, denn dadurch kann der Widerstand gegen Veränderungen verringert werden.

Alle Auskunftspersonen waren sich bezüglich der Tatsache einig, dass beim Zusammenhang zwischen Innovation und den beiden anderen Gebieten Führung ein wesentlicher Faktor bei der Motivation ist, damit auch nicht zur Familie gehörende Mitarbeiter einen Beitrag leisten. Neben diesem Aspekt gibt es viele andere Einflussfaktoren, unter anderem den finanziellen Aspekt und die Unternehmenskultur, die während des Interviews genannt wurden. Zudem zeigten die Interviews, dass die mehr auf Innovation ausgerichteten Unternehmen über mehr Systeme zur Erhöhung der Mitarbeiterbeteiligung verfügen und deshalb insgesamt innovativer sind.

5.4 Diskussion

Im Folgenden werden Ergebnisse diskutiert. Ein in der vorhandenen Literatur ermittelter Aspekt war, dass Familienunternehmen dazu neigen, transformationalen Führungsstilen gegenüber anderen den Vorzug zu geben (Vallejo, 2009a). Das wird durch die Interviews bestätigt, in denen alle acht Auskunftspersonen angaben, eine transformationale Führung auszuüben. Neben der Erklärung von Vallejo (2009a), dass das darauf zurückzuführen ist, dass die Eigenschaften von Familienunternehmen und die transformationaler Führung gut zueinander passen, legen meine Ergebnisse einen anderen Grund nahe. Die Befragung von Mitarbeitern von Familienunternehmen ergab einige Aspekte, die sie von einem guten Führungsverantwortlichen erwarten. Dazu gehörten neben vielen anderen Aspekten eine klare Vision, Mentoring und eine enge Beziehung zu der Eigentümerfamilie. All diese Aspekte gehören zu den Eigenschaften, die in Untersuchungen von transformationaler Führung erwähnt werden (Bernhard & O'Driscoll, 2011; Boies, Fiset & Gill, 2015; Eddleston, 2008).

Die Anwendung von transaktionaler Führung war in einigen Fällen auch bei den Interviews vertreten. Dieser Typus von Führungsverantwortlichen räumt den Mitarbeitern mehr Freiheit ein und übt Führung durch Festlegung klarer Zielsetzungen zwischen Mitarbeiter und Führungskraft aus (Bernhard & O'Driscoll, 2011). Dieses Verfahren findet in Unternehmen 2 Anwendung und wurde von Interviewpartnerin 2.B als einer der Gründe erwähnt, warum sie gern in diesem Unternehmen arbeitet. Es ermöglicht Mitarbeitern und insbesondere Mitgliedern des Verkaufspersonals, ihre Leistung aktiv zu steigern und direkt belohnt zu werden. Schaut man sich vorhandene Veröffentlichungen an, wird vermutet, dass diese Situation die Eigentümergefühle in Bezug auf das Unternehmen und die Arbeit steigert (Bernhard & O'Driscoll, 2011), was durch Interviewpartnerin 2.B bestätigt wurde: „Ich habe das Gefühl, dass diese Niederlassung mein eigener Laden und nicht der von jemand anderem ist".

Um die Bedürfnisse von so vielen Mitarbeitern wie möglich zu befriedigen, müssen Unternehmen mit einer breiten Palette an Maßnahmen arbeiten, wozu unterschiedliche organisationale und persönliche Faktoren gehören (Patel & Conklin, 2012), die sowohl einander als auch die Motivation direkt beeinflussen. Alle von mir interviewten Unternehmen unterstützten das und konzentrierten sich deshalb auf verschiedene Aspekte der Motivation anstelle der Verwendung einer Standardlösung.

Die Interviewpartner stimmten den Wissenschaftlern überdies in Bezug auf die geringe Wirkung monetärer Belohnungen und Anreize auf die Motivation von Mitarbeitern zu (Glenn M. McEvoy, 1984), sie ergänzten jedoch, dass ein bestimmtes Maß erfüllt sein muss, um sie als Mitarbeiter zu halten. Die Beziehung zwischen der Eigentümerfamilie und den nicht zur Familie gehörenden Mitarbeitern (Engelbrecht et al., 2014) wurde andererseits als sehr wichtiger Einfluss erwähnt. Bammens et al. (2015)

geben an, dass eine gute Beziehung das Potenzial besitzt, die Motivation durch die zusätzliche Unterstützung zu erhöhen und Identität in Form gemeinsamer Werte aufzubauen. Das betrifft auch die Führung durch aktive Familienmitglieder und die von ihnen aufgebaute Familienunternehmenskultur. Interviewpartner 1.A untermauert das wiederum, indem er die Präsenz der Familie und ihre Werte als einen wichtigen Aspekt der Motivation in Familienfirmen anführt.

Eine weitere Facette des Aufbaus von Beziehungen ist das Vertrauen, das die beiden Parteien zueinander haben (Leenders & Waarts, 2003). Die wahrgenommene Gerechtigkeit ist hiermit einer der Haupteinflüsse ebenso wie die Kommunikation von Entscheidungen (Engelbrecht et al., 2014). Während der Interviews wurde die offene Kommunikation zu sämtlichen Fragen erwähnt und als das wichtigste Hilfsmittel zur Motivation von Mitarbeitern angeführt. Nicht nur bei Personalentscheidungen, sondern auch in Bezug auf betriebliche Vorschlagsysteme, individuelle Probleme oder Ziele wurde sie als dafür entscheidend angeführt, dass Mitarbeiter die dahinterstehenden Motive verstehen. In der Folge kann das zum Aufbau von Transparenz führen, die wiederum das Vertrauen in die Gerechtigkeit von Führungskräften erhöht.

Andere Dimensionen, die von den Forschern in vorangegangenen Studien besprochen wurden, waren Zufriedenheit mit der Arbeit, Identifikation und Engagement. All diese Faktoren wurden im Verlauf der Interviews meist im Zusammenhang mit der Familienunternehmenskultur erwähnt. Die Vision, von der angenommen wird, dass sie die Mitarbeiter dabei unterstützt (Barnett & Kellermanns, 2006), wird nicht nur als die wichtigste Aufgabe von Führungsverantwortlichen angesehen, sondern auch als Hauptbestandteil aller vier Kulturen. Außerdem wurde das Engagement von Mitarbeitern als motivationswirksam angesehen. Zu ihnen gehört auch Interviewpartner 2.A, der anführte, dass seine Mitarbeiter bereit sind, etwas für das Geschäft zu tun und es anderen als Arbeitgeber zu empfehlen.

Eine weitere in der Literatur genannte Verhaltensweise ist das Engagement motivierter Mitarbeiter bei den Innovationsbemühungen des Unternehmens. Wie vorher erwähnt, gibt es zwischen den Unternehmen in Bezug auf Innovation große Unterschiede; meine Interviews zeigten jedoch, dass Innnovationen häufiger waren und die Mitarbeiter ihre Ideen bereitwilliger teilten, wenn eine entsprechende Kultur und ein entsprechender Führungsstil vorhanden waren. In jüngsten Veröffentlichungen wurde die Kultur unter anderen Faktoren als der wichtigste Aspekt bei der Aufrechterhaltung eines innovativen Unternehmens genannt. Dabei wurden die Übermittlung einer starken Vision und die Offenheit der Führungsverantwortlichen als wichtige Faktoren genannt, die erforderlich sind, um Innovation als Wert zu etablieren (Park et al., 2014). Darüber hinaus kann es hilfreich sein, über Systeme wie ein betriebliches Vorschlagswesen zu verfügen, die die Anstrengungen der Mitarbeiter unterstützen und veranlassen. Diese Aspekte wurden bei der organisationalen Gestaltung von Unternehmen 3 und Unternehmen 4 berücksichtigt, den beiden Unternehmen, die sich als am innovativsten erwiesen. Überdies führten beide ein Belohnungssystem für eingereichte Ideen ein, was die Integration von kreativem Denken in die tägliche Arbeit von nicht zur Familie gehörenden Mitarbeitern vermutlich fördern wird.

Vereint man alle drei Dimensionen, so beeinflussen sie sich stark gegenseitig, da die Unternehmensführung Mitarbeiter nicht nur motiviert, sich für ihre Arbeit zu engagieren, sondern auch die Fähigkeit beinhaltet, eine Kultur zu schaffen, die innovatives Verhalten verbessert (Bammens et al., 2015; Miller et al., 2015; Park et al., 2014). Insbesondere Mitarbeiter in Familienunternehmen scheinen sich mehr bei innovativen Prozessen und der Verbesserung des Unternehmens einzubringen, was mit der spezifischen Kultur im Zusammenhang steht (Bammens et al., 2015; Kraus et al., 2012).

5.5 Schlussfolgerung

Als Schlussfolgerung meiner Erkenntnisse in dieser Studie kann eine Reihe von Konsequenzen für Führungsverantwortliche in Familienunternehmen formuliert werden. Der wirksamste Führungsstil ist von der Art des Unternehmens, den besonderen Zielen, die der Führungsstab verfolgt, sowie den im Unternehmen beschäftigten Typen von Mitarbeitern abhängig. Deshalb ist es für jeden Führungsverantwortlichen wichtig, ihre eigene Situation zu prüfen und darauf basierende Entscheidungen zu treffen. Darüber hinaus ist im Hinblick auf die Anpassung des Führungsstils entscheidend, den Widerstand der Mitarbeiter gegen Veränderungen zu berücksichtigen. Die Interviews zeigten, dass eine extreme Veränderung Demotivation zur Folge haben kann, da Mitarbeiter dadurch überfordert werden. Damit das nicht geschieht, müssen Führungsverantwortliche rechtzeitig die Veränderung und die dafür bestehenden Gründe bekanntmachen und die Kultur anpassen.

Die Motivation von nicht zur Familie gehörenden Mitarbeitern ist eine der wichtigsten Aufgaben, die der Firmenchef eines Familienunternehmens zu erfüllen hat. Um die optimale Maßnahmenkombination zu finden, ist es wichtig festzustellen, welche Typen von Mitarbeitern im Unternehmen beschäftigt und welche für dieses am wertvollsten sind. Zur Erlangung dieses spezifischen Wissens ist die Kommunikation zwischen den verschiedenen Parteien entscheidend, wozu auch die Nutzung persönlicher Gespräche und anonyme Befragungen gehören. Zudem könnte es hilfreich sein, von Zeit zu Zeit etwas anderes zu tun, um die Mitarbeiter zu überraschen, da Vorteile und Belohnungen schnell als selbstverständlich angesehen werden.

Einer der Aspekte, der sich aus einem hohen Motivationsgrad ergibt, ist innovatives Verhalten. Obgleich die Studie nachwies, dass Motivation eine Wirkung hat, zeigte sie auch, dass für den Aufbau einer erfolgreichen und innovativen Kultur verschiedene andere Faktoren erforderlich sind. Einerseits muss die gewählte Art der Führung kreatives Denken und Veränderung aktiv unterstützen. Zudem kann es hilfreich sein, Systeme in Kombination mit Belohnungen einzuführen, die eine weitere Motivation darstellen, sich zu engagieren und Ideen einzubringen. Im Hinblick auf die Innovation ist es wichtig, das spezifische Geschäftsmodell und die Bedeutung der Innovation für den Fortbestand des Unternehmens zu berücksichtigen. Nur wenn Innovation Teil der Unternehmenskultur und -führung ist, ist es sinnvoll, andere Maßnahmen zur Förderung der Beteiligung von nicht zur Familie gehörenden Mitarbeitern einzuführen, andernfalls müssen Führungsverantwortliche einen Weg finden, um die Kreativität der Mitarbeiter in die richtigen Bahnen zu lenken, ohne jedoch das, was für deren Leistung am wichtigsten ist, aus den Augen zu verlieren.

Franziska Anne Holle

6 Wissenstransfer

Der Einfluss von generationen-übergreifendem Wissenstransfer auf Innovationen

6.1 Einleitung

In Deutschland spielen Familienunternehmen eine wesentliche Rolle für das Land und seine Gesellschaft. Sie sind das Rückgrat der Wirtschaft und beweisen Resilienz in Krisen. Auf Grund ihrer langfristigen Perspektive sind sie in der Lage, schwierige Zeiten besser zu meistern, was im Vergleich zu Nicht-Familienunternehmen weniger Entlassungen zur Folge hat (Breton-Miller & Miller, 2006). Obgleich in der Forschung über Familienunternehmen unterschiedliche Definitionen vorherrschen, wird in dieser Arbeit die allgemeingültigste verwendet, die den im empirischen Teil untersuchten Beispielen entspricht. Demnach sind Familienunternehmen alle Unternehmen, die entweder in Form von Eigentum und/oder Geschäftsführung von Familienmitgliedern kontrolliert werden. Der Stiftung für Familienunternehmen in Deutschland und Europa (2016) zufolge sind 91 Prozent sämtlicher deutscher Unternehmen familienkontrolliert. Sie tragen mit 48 Prozent zum Gesamtumsatzvolumen des privaten Sektors bei und beschäftigen über die Hälfte seiner Mitarbeiter. In der Mehrheit handelt es sich um klein- und mittelständische Unternehmen.

Da Familienmitglieder aktiv an Entscheidungen beteiligt sind, stehen Familienunternehmen für ein starkes Identitätsgefühl. Die meisten von ihnen sind regional verankert und engagieren sich bei Aktivitäten vor Ort, verfolgen demnach wertorientierte Aktionen. Ihre Haltung zum Geschäft reicht über finanzielle Ziele hinaus und konzentriert sich vielmehr auf nachhaltige Lösungen. Auf den ersten Blick scheinen die beiden miteinander verflochtenen Systeme Familie und Unternehmen zueinander im Widerspruch zu stehen. Während Familie durch Emotionen und irrationales Denken gekennzeichnet ist, steht ein Unternehmen für Erneuerung, Meritokratie und finanzielle Werte. Die Überschneidung dieser beiden Systeme bringt verschiedene Vor- und Nachteile mit sich. Einerseits haben Familienunternehmen auf Grund der Tatsache, dass Eigentum und Geschäftsführung miteinander verbunden sind, weniger Probleme hinsichtlich der Angleichung der Zielsetzungen von Chef und Angestelltem (Chrisman, Chua & Litz, 2004), weshalb die Entscheidungspfade effizienter sind. Darüber hinaus profitieren sie von ihrer langen gemeinsamen Geschichte und Tradition, was in der Firma Selbstwert- und Zugehörigkeitsgefühl verbreitet. Andererseits verursacht die Überschneidung auch potenzielle Konflikte unter ihren Erben, welche sich wiederum negativ auf die Performance der Firma auswirken können. Vetternwirtschaft verhindert, dass Firmen einen professionellen Status erlangen, da bei der

Auswahl von Mitarbeitern Verwandte bevorzugt werden (Dyer, 2006). Familienmitglieder klammern sich oft an alte Zeiten, was Schwerfälligkeit und Widerstand gegen Veränderungen im Familienunternehmen zur Folge hat.

Viele Familienunternehmen verfolgen eine risikoscheue Strategie, da ihr persönlicher Wohlstand mit der Firma verbunden ist, und die meisten von ihnen sind unzureichend diversifiziert (Gomez-Mejia, Makri & Kintana, 2010). Darüber hinaus erklärt sich die risikoscheue Haltung aus einer als sozio-ökonomischer Wohlstand bezeichneten Theorie (Gómez-Mejía, Haynes, Núñez-Nickel, Jacobson & Moyano-Funtes, 2007). Es ist der nicht wirtschaftliche Nutzwert, den eine Familie von ihrer Eigentümerposition an einem bestimmten Unternehmen ableitet. Priorität eines Familienunternehmens ist es, den SEW zu bewahren, selbst auf Kosten wirtschaftlicher Ziele. Das Ansehen der Familie bildet den Mittelpunkt, das sich in sozialer und ökologischer Verantwortung widerspiegelt.

Obgleich die meisten Familienunternehmen ähnliche Werte und Normen vorweisen, sind sie in ihrer Beschaffenheit jedoch heterogen (Chua, Chrisman, Steier & Rau, 2012). Sie unterscheiden sich in Bezug auf Einflussgrad der Familie, verantwortlicher Generation, Sichtbarkeit der Familie nach außen und Vermögensdiversifizierung von Familienmitgliedern. Demzufolge ist es wichtig, bei der Untersuchung dieses Gebietes individuelle Schlüsse zu ziehen.

Alle paar Jahrzehnte wird ein Familienunternehmen an die nächste Generation übertragen, wenn der Firmenchef zurücktritt. In den meisten Fällen wird eine familieninterne Nachfolge angestrebt. Das erfordert jedoch einen geeigneten Nachfolger, der bereit ist, das Unternehmen weiterzuführen (Massis, Chua & Chrisman, 2008). Somit ist die Nachfolge eines der entscheidendsten Themen für Familienunternehmen, das angemessen zu berücksichtigen ist, um potenzielle Konflikte zu vermeiden und die Weiterführung des Unternehmens sicherzustellen. Sie bringt Chancen und Risiken mit sich. Ist der Nachfolger erst einmal bestimmt, tauchen im Prozess der Nachfolge weitere Probleme auf. An dieser Stelle scheint die Übertragung des generationenübergreifenden Wissens eine interessante Forschungslücke zu sein. Im Verlauf seiner Geschichte erzielte das Unternehmen seinen Wettbewerbsvorteil durch den Besitz von Rohstoffen, Kapital oder Arbeitskräften. Im Verlauf der Globalisierung änderten sich die Zeiten allerdings. Der Wettbewerb verstärkte den Druck, diesen als Wissen bezeichneten entscheidenden, immateriellen Vermögenswert zu seinem Vorteil einzusetzen.

Ein Eisberg ist eine praktische Metapher zur Veranschaulichung. Segelt der Nachfolger nah an einem Eisberg vorbei, und schaut er dabei neugierig auf das neue Territorium, kann er nur den über der Wasserlinie befindlichen Teil sehen, während ein entscheidender Teil in der Tiefe verborgen ist. Der unmittelbar sichtbare Teil besteht aus explizitem Wissen: Wissen, das in den Firmenunterlagen niedergelegt und einfach beschrieben ist. Taucht der Teil des Eisbergs jedoch mit den Gezeiten auf und unter, erkennt der Segler schnell, dass auf dem Weg zum Erfolg weiteres Wissen liegt. Unter der Wasserlinie entdeckt der Segler stilles Wissen: das Wissen des Vaters und der Mutter, das bei jahrelangen Erfahrungen gewonnen wurde und das schwer auszudrücken ist. Der Segler stellt fest, dass es, um einen Schiffbruch des Familienunternehmens zu vermeiden, äußerst wichtig ist, dieses sorgsam zu hüten.

Da Familienunternehmen durch lange Amtszeiten von Firmenchefs gekennzeichnet sind, befindet sich ein wesentlicher Teil des stillen Wissens im Kopf des Amtsinhabers. Wird man dieser wertvollen

Ressource nicht angemessen teilhaftig, steigt von einer Generation zur nächsten das Risiko, sie zu verlieren. Möglicherweise wird der neue Geschäftsführer unter einem fehlenden Wettbewerbsvorteil leiden, der die Überlebensfähigkeit des Unternehmens bedroht. Diese Arbeit zielt darauf ab, dem Leser die Bedeutung des generationenübergreifenden Transfers von stillem Wissen, auch im Hinblick auf den Erhalt der Innovation, zu vermitteln. Dabei werden der Prozess der Wissenserzeugung und -teilung sowie potenzielle Probleme untersucht. Außerdem werden bewährte Verfahren und Empfehlungen herausgearbeitet, mit denen die Weiterführung des Familienunternehmens und eine offene Quelle für innovative Maßnahmen sichergestellt werden.

In diesem Zusammenhang unterscheiden sich Familienunternehmen beträchtlich von Nicht-Familienunternehmen. Während der Austausch von Wissen in Nicht-Familienunternehmen durch den Weggang vom Arbeitsplatz unterbrochen wird, wird er in Familienunternehmen auch außerhalb des Betriebsgeländes fortgesetzt. Auf Grund der Überschneidung der drei Systeme Familie, Unternehmen und Eigentum besteht nahezu keine Trennung zwischen Arbeit und Privatleben. Infolgedessen findet der Transfer von stillem Wissen unbewusst während Autofahrten oder beim sonntäglichen Frühstück statt. Es existieren informelle Räume, die keiner aufwändigen Vorbereitungen bedürfen. Deshalb ist ein Familienunternehmen eine etwas andere „Schule", in der Wissen automatisch und intuitiv weitergegeben wird. Zur besseren Veranschaulichung von stillem Wissen werden nachstehend drei Beispiele aus dem täglichen Leben aufgeführt.

- **Radfahren:** Die Fähigkeit, auf einem Fahrrad die Balance zu halten, ist schwer in Worte zu fassen. Ein Radfahrer bzw. eine Radfahrerin weiß, wie man fährt; er oder sie ist jedoch nicht in der Lage, diese Fertigkeiten einer anderen Person zu beschreiben. Obgleich diese Erscheinung durch physikalische Gesetze erklärt werden kann, fehlt dem Radfahrer die Fähigkeit, es mit Worten auszudrücken. Es gibt keine Anleitung für das Radfahren.
- **Sprache:** Die Fertigkeit, eine Sprache zu erlernen und zu sprechen, kann schwer schriftlich festgehalten werden, da es keine Regeln gibt. Sie erfordert Immersion und wird in langen Zeiträumen des Praktizierens erworben.
- **Humor:** Manchmal ist es schwer zu erklären, warum etwas lustig ist, und es ist schwierig, einen Sinn für Humor zu lehren. Er erfordert ein gewisses Timing, dass er als spontan angesehen wird.

In Zukunft wird es sehr darauf ankommen, ob ein Unternehmen in der Lage sein wird, sein unschätzbares Wissen, das eine wertvolle, seltene, nicht zu ersetzende und nicht nachzuahmende Ressource dar stellt, zu sammeln und zu teilen (Cabrera & Cabrera, 2002). Dank ihrer einzigartigen Charakteristika haben Familienunternehmen die Möglichkeit, ihren Vorsprung vor Nicht-Familienunternehmen auszubauen, solange sie sich um einen reibungslosen Transfer von stillem Wissen bemühen.

Für diese Arbeit wurden neun Familienunternehmen in Deutschland befragt. Den Interviewpartnern wurde strengste Anonymität zugesichert. Aus diesem Grund werden folgende Pseudonyme eingeführt: Pluto, Merkur, Mars, Venus, Erde, Neptun, Uranus, Saturn und Jupiter.

6.2 Ergebnisse der empirischen Studie

6.2.1 Mechanismen, die den Transfer von stillem Wissen fördern

Bei den Interviews wurden acht Nachfolger und ein Amtsinhaber dazu befragt, was sie unter stillem Wissen verstehen, und welche Handlungen sie kennengelernt haben, mit denen es vermittelt wurde. Es ist nicht überraschend, dass vier Nachfolger angaben, dass stilles Wissen bereits in ihrer Kindheit an sie weitergegeben wurde. Es wurde nicht allein durch Worte weitergegeben, sondern zeigte sich vielmehr im Verhalten ihrer Eltern, das automatisch vermittelt wurde (Merkur). Im Umfeld eines Familienunternehmens aufzuwachsen bedeutete, dass die Person von frühester Kindheit an mit der Bedeutung verschiedener Verantwortungen konfrontiert war. Der Firmenchef von Uranus erklärte zum Beispiel:

> *„Wichtige Geschäftspraktiken waren diejenigen, die ich in meiner Jugend lernte. Mein Vater spielte überall, wo er war, die Rolle des Familienunternehmers. Mindestens einmal in der Woche wurden Kunden zu uns nach Hause eingeladen. Es waren immer sehr schöne Abende. Mein Vater war der Unterhalter, meine Schwester bediente und ich war der Mundschenk. Ich glaube, meine Mutter hat nicht einmal mitbekommen, für wie viele Personen sie kochte."*

Folglich lernte er von frühester Jugend an den Umgang mit Kunden. Der Firmenchef von Saturn erinnerte sich an den Tag, an dem sein Vater die Pläne für ein neues Wellpappenwerk nach Hause mitbrachte, und wie er eine maßstabsgetreue Kopie davon aus LEGO -Steinen baute. Sein Vater führte ihn immer spielerisch an Maschinen heran. Als er älter war, nahm er mit ihm zusammen an Branchentagungen teil. Ein weiterer Nachfolger gab an, dass dadurch, dass er den Gründer kannte und sich mit ihm identifizieren konnte, sein Interesse gesteigert und dadurch die Vermittlung von stillem Wissen vereinfacht wurde. (Jupiter). Kindheitserinnerungen wie gemeinsame Rundgänge durch den Betrieb mit seinem Großvater hatten stets Einfluss auf ihn. Er sorgt sich heute, dass seinen Kindern auf Grund der Tatsache, dass sie nicht in der Lage waren, den Gründer zu treffen, Geist und Werte fehlen könnten.

Drei weitere Aspekte, die während der Interviews Erwähnung fanden, sind Leitsätze, Kultur und Beobachtung. Bei einem Interview zeigte der Firmenchef von Neptun ein Schreiben seines Vaters vor, auf dem dieser einige Leitsätze für seine beiden Söhne notiert hatte, von denen ein paar nachstehend aufgeführt werden (vgl. Tabelle 3). Sie scheinen trivial und selbstverständlich, und trotzdem sind sie recht sinnvolle und lebendige Beispiele dafür, wie stilles Wissen aussehen kann. Alle von ihnen wurden vielmehr durch praktische Erfahrungen als aus Lehrbüchern erworben. Sie werden unterbewusst vermittelt, und manche sind nur schwer in Worte zu fassen.

Der Amtsinhaber von Erde entschied bewusst, ein paar Jahre mit seinen Kindern gleichzeitig zu arbeiten. Er fragte sich, wie „Know-how, das als ein Vermögenswert zur Verfügung steht, am besten vermittelt werden kann." Er betrachtete Unternehmenskultur als Hauptquelle und wollte, dass seine Kinder sie richtig kennenlernen. Sie sollte der Ausgangspunkt für ihren Führungsstil sein. Wenn sie mit dem bestehenden Kommunikationsstil nicht einverstanden waren, sollte es ihnen gestattet sein, ihn zu ändern. Unternehmenskultur dürfte jedoch nicht von einem Tag zum anderen geändert werden, denn wenn man das machte, würde die Glaubwürdigkeit gegenüber den Arbeitnehmern sinken. Er wollte, dass seine Kinder zunächst eine Beobachterrolle einnehmen sollten, bevor sie Änderungen beschlossen.

Der Firmenchef von Mars bestätigte in ähnlicher Weise, dass er an mehreren externen und internen Sitzungen als Beobachter teilgenommen hatte. Er fand diese Sitzungen ziemlich interessant, da er wusste, dass der Umgang mit Lieferanten, Arbeitnehmern, Mitarbeitervertretungen oder Gewerkschaften nichts war, was an einer Universität gelehrt wurde. Er erklärte: „Man sieht, wie man mit Dingen umgehen kann. Ob man diese Muster dann übernimmt, ist eine andere Sache“ (Mars).

Tabelle 3: Leitsätze stillen Wissens

Nr.	Leitsatz
1	Ich hoffe, dass Ihr gut miteinander auskommen werdet. Streitet bitte niemals in der Öffentlichkeit.
2	Dieses Unternehmen sollte stets zwei Geschäftsführer haben. Sollte jedoch nur einer geeignet sein, dann nehmt nur einen Geschäftsführer.
3	Keine Habgier: Glück ist wichtiger als Geld!
4	Tadle niemals einen Arbeitnehmer vor anderen.
5	Gebt Fehler immer zu. Das erhöht nur Eure Autorität.
6	Nehmt den mühsamen Weg, er ist oft der bessere!
7	Wohnt keinem Schiedsgericht bei.
8	Haltet Euch von Kunden mit großen Namen fern. Der kleine Handwerker ist Euer Kunde.
9	Ladet niemals Kreditinstitute zu einer Firmenfeier ein. Sie könnten annehmen, dass Neptun bedürftig ist.
10	Nehmt niemals die Einladung eines Arbeitnehmers an. Das führt nur zu Missgunst.
11	Sparsamkeit ist das wichtigste in einem Familienunternehmen. Darlehen, die Ihr heute aufnehmt, sind die Verbindlichkeiten Eurer Kinder.
12	Vermeidet Tätigkeiten in Aufsichtsräten. Das ist nur zeit- und kostenaufwändig und kann für Neptun von Nachteil sein.

Aus weiteren Interviews kann abgeleitet werden, dass einige Familienunternehmen institutionelle Vorkehrungen zur Vermittlung von stillem Wissen getroffen haben, wie Mittagessen, Netzwerke und eine Stiftung. Insbesondere im Fall von Venus war es entscheidend, Erfahrungen über Kunden und Versicherungsgesellschaften zu teilen, da der Nachfolger noch ziemlich jung war und keinerlei Arbeitserfahrung besaß. Ihm zufolge nutzte sein Vater Mittagessen, um bestimmte Verhaltensmuster zu erläutern. Er erinnerte sich: „Anfangs nahmen sie uns nicht ernst. Wir waren Anfang zwanzig und hatten lange Haare“. In ähnlicher Weise betrachtete der Amtsinhaber von Erde den Mittagstisch als den Ort, an dem man sich über besonders „brenzlige“ Probleme austauschte. Seinerseits fanden entsprechende Diskussionen und Anpassungen statt. Er beriet seine Kinder beispielsweise bei der Lösung von Konflikten und bei der Bewältigung von emotional aufgeladenen Situationen. Der gleiche Interviewpartner betonte den Wert der Vernetzung. Da er in verschiedenen Ausschüssen aktiv war, bestand sein Ziel darin, auch seine Kinder zum Beitritt zu Netzwerken anzuregen. Ihm zufolge war das ein guter Platz, um mit Menschen gleichen Alters und mit gleichen Interessen in Kontakt zu treten. Es verlieh eine gewisse Sicherheit bei der Bewältigung sozialer Ereignisse. Der Nachfolger von Jupiter erwarb stilles Wissen insbesondere durch eine Stiftung, die seine Eltern für Familienmitglieder über 30 Jahre errichtet hatten. Regelmäßig präsentierten drei externe Berater Änderungen, denen Jupiter unterlag, Jahresabschlüsse, Beteiligungen, rechtliche Änderungen am Aktiengesetz sowie Erbschaften. In der Folge wurden Familienmitglieder über das Vehikel der Stiftung in diese riesige Verantwortung eingeführt und mit Entwicklungen der Gesellschaft konfrontiert.

6.2.2 Arbeit innerhalb und außerhalb des Familienunternehmens

Bei den Interviews beschäftigte sich eine Reihe von Fragen mit den Erfahrungen der Interviewpartner bei der Arbeit innerhalb und außerhalb des eigenen Unternehmens, bevor sie ihr Ziel schließlich erreicht haben. Besondere Beachtung wurde der Frage geschenkt, ob es sinnvoll war, auf der untersten Ebene des Familienunternehmens zu beginnen. Die meisten Nachfolger stimmten zu, dass sie eine Art von betriebsinterner Ausbildung absolviert hatten, was ihre persönlichen Beziehungen zu den Arbeitnehmern verbesserte und den Wissenstransfer erleichterte. Sie hatten entweder Praktika während ihres Studiums absolviert oder waren teilweise für ausländische Tochtergesellschaften oder Niederlassungen verantwortlich. Interessanterweise betrachtete der Firmenchef von Mars seinen Auslandsaufenthalt als guten Schritt, selbständig zu werden, da sein Vater nicht in seiner Nähe war. Als Sommerpraktikant lernte der Firmenchef von Uranus kennen, was es heißt, Vertreter eines im Vertrieb tätigen Familienunternehmens zu sein. All diese in der Firmenzentrale oder im Ausland erworbenen Erfahrungen steigerten ihren Wissensstand immens.

Für den Firmenchef von Neptun war es überdies entscheidend, dass „Arbeitnehmer sehen könnten, dass der Eigentümer harte Arbeit nicht scheut". Er ist ein großer Befürworter, auf der untersten Ebene des Familienunternehmens zu beginnen, um Einfühlungsvermögen gegenüber Arbeitnehmern zu zeigen. Sein erster Job war im Lager. Allerdings war das Absolvieren einer betriebsinternen Ausbildung auch mit einer Altersbegrenzung verbunden. Im Fall von Pluto erfolgte der Eintritt der Nachfolgerin zu spät, um noch ein Ausbildungsprogramm zu absolvieren. Sie bedauerte es, dass sie niemals in der Lage war, die verschiedenen Abteilungen kennenzulernen, bevor sie die gesamte Verantwortung übernahm. Insbesondere im Hinblick auf Finanzen fehlte ihr immer noch stilles Wissen. Sie beklagte, dass ihr Vater von der Einfachheit der Zahlen zu ihr gesprochen hatte. Doch „wie sollen 50 Jahre Erfahrung innerhalb von drei Monaten vermittelt werden, ohne sich selbst vor der Belegschaft zum Narren zu machen?"

In welcher Weise konnte das Arbeiten außerhalb des Familienunternehmens für das Erzielen von stillem Wissen von Vorteil sein? Der Hauptgrund bestand darin, Personalverantwortung in einem nicht-familiären Umfeld zu übernehmen, in dem „der Nachname keine Rolle spielte" (Uranus). Außerdem war es für die persönliche Entwicklung von Vorteil, da der Nachfolger sich unterzuordnen hatte und den Umgang mit Führungskräften lernte. Abschließend erklärte die Firmenchefin von Merkur, dass sie durch die Arbeit in einem anderen Unternehmen ihre „Angst vor großen Zahlen" verlor, da sie in komplett anderen Dimensionen tätig war.

Für eine mehrjährige Tätigkeit außerhalb des Familienunternehmens empfahl die Firmenchefin von Pluto grundsätzlich, zuerst mit einem Job anzufangen, der Freude bereitet und bei der der Arbeitgeber weder ein Freund noch ein Kooperationspartner ist. Für den zukünftigen beruflichen Werdegang ist es wichtig, eine neutrale Position einzunehmen. Der Firmenchef von Uranus lernte überdies in seinen fünf

Jahren als Berater, dass es „keine Konzeption ohne Umsetzung“ gibt. Als er erstmals die Geschäftsführung übernahm, hatten Arbeitnehmer niemals zuvor gemeinsam eine Strategie entwickelt. Er war der Auffassung, dass sein Beraterjob ihn gelehrt hatte, wie Menschen zu motivieren sind, weshalb sein Eintritt „frischen Wind in das Unternehmen“ brachte. Während einige Interviewpartner die Ansicht vertraten, dass es wichtig sei, sich innerhalb des Familienunternehmens hochzuarbeiten, waren andere große Verfechter, dieses außerhalb zu tun. Der Firmenchef von Saturn beanspruchte für sich beispielsweise, dass er „all diese einfachen Dinge wie das Entwerfen eines Wellpappenkartons außerhalb des Unternehmens“ gelernt habe. Er und der Firmenchef von Uranus waren der Ansicht, dass es für Mitarbeiter auf der unteren Führungsebene ein riesiges Problem war, mit Familienmitgliedern zusammenzuarbeiten, da „der Sohn am Ende immer eine Vorzugsbehandlung genießt, selbst wenn seine Qualifikationen geringer sind“. Demzufolge sollte ein Nachfolger nur auf der oberen Führungsebene in das Familienunternehmen eintreten. Uranus vertrat die Ansicht: „Wenn die Person nicht in der Lage ist, sich in der Welt draußen Autorität zu verschaffen, wird sie im eigenen Unternehmen nicht überleben“.

6.2.3 Herausforderungen im Prozess des Wissenstransfers

Mit Ausnahme eines Nachfolgers gehörten sämtliche Nachfolgereltern immer noch zu der Generation, die den Zweiten Weltkrieg erlebt hat. In einigen Fällen ließen sich daraus vielleicht ihre Charakterzüge erklären, insbesondere wenn es um Vertrauen und Wissenstransfer geht. Obgleich die meisten Interviewpartner die Meinung vertraten, dass die Beziehung zu ihrem Vater auf Vertrauen basierte, gaben sie auch zu, dass ihre Vorfahren reservierte Personen mit patriarchalischen Attitüden sind. Offensichtlich sind Charakterzüge für das Verhalten eines Menschen verantwortlich. Sie sind die Ursache einiger der folgenden Probleme (Tabelle 4), die im Prozess des Wissenstransfers auftauchten.

Früher war es ungewöhnlich, über Geld zu sprechen, und „Zahlen behielt man für sich“, wie die Firmenchefin von Pluto erklärte. Sie und der Firmenchef von Uranus, deren Väter beide Patriarchen waren, hatten das Gefühl, dass der Prozess des Wissenstransfers nicht transparent genug war. Auch wenn es nicht Absicht ihrer Väter war, gaben sie unbewusst nur die Hälfte preis. Im Fall von Pluto hatte ihr Vater immer noch das Gefühl, dass er ein Unternehmen nur übergeben könnte, wenn dieses sich im perfekten Zustand befindet. Rückwirkend kam der Firmenchef von Uranus zu dem Schluss, „wenn ich gewusst hätte, was mich erwartet, hätte ich diesen Job niemals angenommen. Die ersten zehn Jahre waren eine absolute Qual. Ich hatte einfach keine Ahnung von Rettungsaktionen“. In beiden Fällen zeigte sich, dass das Sprechen über schwierige Zeiten als Schwäche angesehen wurde.

Darüber hinaus fanden sich die Interviewpartner selbst in verschiedenen unausgewogenen Situationen wieder, die einen reibungslosen Wissenstransfer behinderten. Erstens konzentrierte sich die ganze Aufmerksamkeit bei Verhandlungen mit einem Dritten auf den Vater, da er letztendlich die Entscheidungen traf (Mars). Diese Situationen waren ihm unangenehm, da er das Gefühl hatte, überflüssig zu sein. Zweitens erlebte ein weiterer Interviewpartner eine Übertragung der Kenntnisse, als sein Vater ihm eines Tages vorwarf, dass „er sich immer hinter Akten verstecke und sich nicht an den Verkaufstätigkeiten beteiligte“ (Venus). Die Verkäufe waren jedoch ganz klar die Stärken des Vaters, bis er feststellte, dass ein Ungleichgewicht der Kenntnisse bestand, das zu beheben war. Drittens erkannte die Firmenchefin von Pluto das Problem, dass vertrauensbildende Maßnahmen nur von ihrer Seite kamen. Sie denkt, dass „es ein Patriarch nicht gewöhnt ist, Ideen auszutauschen", weshalb Asymmetrien bestanden. Bei seiner eigenen Nachfolge war der Firmenchef von Mars dankbar, Einblicke zu bekommen, die nützlich waren. Nichtsdestotrotz fragte er sich immer, ob es gut gewesen war, relevante Informationen, auf Grund der Tatsache, dass sie teilweise subjektiv waren, schon vorher zu erhalten. Entscheidungspfade waren festgelegt und die Kreativität litt.

Das Hervorrufen von Emotionen durch bestimmte Ausdrücke, z.B. Tiernamen, könnte als Manipulation angesehen werden. Im Fall von Pluto verwendete der Vater immer Verkleinerungsformen wie „Bleib ruhig, Franzichen ", was sie wiederum als geschickte Methode zu ihrer Manipulation ansah. Dadurch waren Eltern- und Kinderrolle eindeutig definiert und beide trafen sich nicht auf Augenhöhe. Die gleiche Interviewpartnerin gab zu, dass ihr Vater zwar stilles Wissen vermittelte, er es allerdings niemals akzeptierte, wenn sie Dinge anders sah. Zum Beispiel: „Ist mein Vater der Auffassung, dass ein Kunde vertrauenswürdig ist, dann ist diese Einschätzung richtig, selbst wenn ich kein gutes Gefühl dabei habe" (Pluto). Nach ihrer Meinung war es schwierig für ihn, eine andere Meinung zu akzeptieren. Und letztendlich schien eine räumliche Trennung ein Problem bei der Übertragung von stillem Wissen zu sein. In einer globalisierten Welt seien Auslandsaufenthalte in zunehmendem Maße selbstverständlich und würden den persönlichen Umgang offenkundig erschweren (Jupiter).

Tabelle 4: Probleme im Prozess des Wissenstransfers

Problem	Erläuterung
Transparenz	• Nur angenehmes Wissen wird geteilt • Keine Erklärung in Bezug auf schwierige Zeiten
Unausgewogenheit	• Von Seiten des Dritten • Der Fertigkeiten • Von vertrauensbildenden Maßnahmen
Subjektivität	• Art des Denkens und der Entscheidung • Muster
Manipulation	• Gebrauch von Verkleinerungsformen • Emotionen
Akzeptanz	• Keine Bereitschaft, einer anderen Meinung zuzustimmen
Distanz	• Örtliche Trennung

Ziel dieser Arbeit ist es nicht, Lösungen zu jedem Problem aufzuzeigen, sondern eher Vorschläge oder bewährte Verfahren. Die Interviewpartner waren in der Tat nicht in der Lage, angemessene Lösungen für ihre Probleme zu finden. Es ist jedoch anzumerken, dass einige Interviewpartner nichtsdestotrotz versuchten, sie zu lösen, indem sie ein Seminar besucht haben (Pluto), in eine eigene Wohnung zogen (Merkur), oder einen professionellen Berater beschäftigten (Jupiter).

6.2.4 Modifizierung von Wissen

Anschließend wurde den Interviewpartnern die Frage gestellt, wie sie das neu erworbene stille Wissen verarbeiteten, und ob sie es modifiziert haben, es beispielsweise expliziert haben. Die meisten von ihnen stimmten zu, dass sie es in irgendeiner Form dokumentiert haben. Insbesondere wurden Produktionsprozesse detailliert aufgezeichnet (Mars). Der gleiche Interviewpartner war jedoch auch der Ansicht, dass Tatsachen vergänglich sind, da jede Technologie irgendwann veraltet. Heutzutage geschieht das noch schneller und öfter. Als er die alten Ordner im Regal sah, musste er „schmunzeln, als er feststellte, wie präzise Dinge einfach aufgeschrieben wurden, weil man das Gefühl hatte, dass sie jemand eventuell noch einmal brauchen könnte." Plutos Firmenchefin dagegen verarbeitete Wissen auf Grund zeitlicher Zwänge pragmatisch. Sie beklagte, dass „Zeit ein wirkliches Problem ist, insbesondere, wenn man Anfang fünfzig ist und vier Kinder die eigene Aufmerksamkeit fordern". Sie gab zu, dass sie, wenn sie fünf statt drei Tage in der Woche gearbeitet hätte, viel mehr dokumentiert hätte. Der Firmenchef von Venus gab ein anderes Beispiel, wie er bestehendes Wissen modifizierte:

> Frau Bodina war Eigentümerin einer Apothekenfiliale nähe des Rathauses. Eines Tages war mein Vater im Urlaub und sie hatte eine Anfrage; wir konnten jedoch ihre Akte nicht finden. Verzweifelt suchten wir im Aktenschrank, aber ohne Erfolg. Wir schauten unter 'B' wie 'Bodina', 'A' wie 'Apotheke und 'R' wie 'Rathaus' nach. Als mein Vater zurückkam, sagte er, dass wir unter 'M' wie 'Marietta' suchen müssen. Das war ihr Vorname! Natürlich war das nicht gerade ein Zeichen hoher Qualität.

Danach führte der Firmenchef von Venus ein neues System ein, bei dem die Sortierung nach der Rechtsform des Privatkunden bzw. des Unternehmens erfolgte. Dieses System gilt bis heute und ist ein Beispiel, wie stilles Wissen expliziert wurde, weil dadurch jedem Mitarbeiter die Zugänglichkeit ermöglich wurde. Im Fall von Uranus profitierte der Firmenchef von seiner Beratertätigkeit, indem er mit seinen Vorgängern und Mitarbeitern Workshops durchführte, um herauszufinden, wie die Zukunft der Firma aussehen sollte. Ihm zufolge lautete ein Strategievorschlag: „Jede Geschäftstätigkeit findet auf lokaler Ebene statt"; das stand jedoch nicht mit dem Versprechen des Unternehmens in Einklang, global tätig zu werden. Mit der Hilfe von Workshops definierte er eine neue Strategie, welche Art von Maßnahmen das Unternehmen verfolgen würde. Daraus kann geschlossen werden, dass es entscheidend war, Wissen in einer angemessenen Art und Weise zu dokumentieren und zu archivieren um sicherzustellen, dass dieser geistige Vermögenswert nicht nur von einer einzigen Person abhängig ist, sondern von allen geteilt wird (Mars). Außerdem musste der „überwältigende Umfang an Wissen" nach Relevanz eingeteilt und dementsprechend priorisiert werden (Merkur).

6.3 Diskussion

6.3.1 Praktische Implikationen: Der Prozess des Wissenstransfers

Keiner der neun Interviewpartner durchlief einen fomellen Prozess. Ihr Prozess des Wissenstransfers vollzog sich eher informell und unstrukturiert. Dennoch zeigt Abbildung 9 einen Prozess, bei dem verschiedene Elemente aus der Literatur und den Interviews kombiniert werden. Sie dient deshalb sowohl als Zusammenfassung als auch als Empfehlung.

Ob der Wissenstransfer reibungslos abläuft, hängt in hohem Maße von den Einflussfaktoren ab, die ihm vorangehen. So gibt es beispielsweise weniger Konflikte und erleichtert es den Prozess, wenn dem Amtsinhaber die Bedeutung von stillem Wissen bekannt ist und er dazu bereit ist, es auf transparente Art und Weise weiterzugeben. Auf ähnliche Weise wird der Prozess erleichtert, wenn der Nachfolger das Unternehmen im Rahmen von Praktika kennenlernt oder sich mit dem Gründer identifiziert, da stilles Wissen dann einfacher erworben wird. Andere Einflussfaktoren wie Vertrauen und private Sprache gelten für beide Parteien. Der Prozess gliedert sich in drei Phasen. Phase 1 beginnt ganz unten an der Basis. Bei der Erfüllung einfacher Aufgaben, wie Arbeit am Förderband oder im Lager, erwirbt der Nachfolger bzw. die Nachfolgerin Erfahrungen, die er bzw. sie wahrscheinlich nur einmal machen wird. Wechselbeziehungen zu einfachen Arbeitern erhöhen seinen bzw. ihren Wissensstand und zeigen, dass er bzw. sie bereit ist, sich auf jeder Ebene der Wertkette einzubringen. Phase 2 folgt dann auf geschäftlicher Ebene. Hier wird der Nachfolger langsam in Aufgaben eingeführt, die eine vertrauliche Handhabung erfordern. Auch hier ist Vertrauen entscheidend. Es hängt davon ab, welche Fortschritte er bzw. sie macht, ob Zwischenschritte notwendig sind oder ob er bzw. sie sogar Schritte überspringen kann. Die Phase beginnt mit praktischen Fortbildungskursen, d.h. Ausbildung im Betrieb, wodurch ein Überblick über die gesamte Organisation vermittelt wird, da der Nachfolger verschiedene Abteilungen durchläuft. Danach wird die Verantwortung langsam erhöht. Dem Nachfolger wird es gestattet, an Sitzungen innerhalb im Unternehmens und außerhalb mit Kunden und Lieferanten teilzunehmen. Er bzw. sie erhält die Chance, sich mit stillem Wissen bekannt zu machen, d.h. durch Beobachten der Körpersprache oder von Verhandlungsstrategien. In der letzten Phase, Phase 3, erhöht sich die Verantwortung des Nachfolgers, und er bzw. sie ist möglicherweise in der Lage, Erfahrungen in Niederlassungen im Ausland zu machen. Räumliche Trennung kann dabei auch helfen, Konflikte zu vermeiden. Der Nachfolger kann besser nachdenken, welche Art von Wissen ihm noch fehlt und vom Amtsinhaber übermittelt werden muss. Mit der schließlich erfolgenden Übernahme der Geschäftsführung wird der Nachfolger vollumfänglich haftbar. Der Prozess des Wissenstransfers endet jedoch nicht an diesem Punkt. Solange es der Gesundheitszustand zulässt, können beide ihre Ideen und Ratschläge immer noch austauschen. Das Hauptziel ist die Weiterführung des Familienunternehmens.

Abbildung 9: Prozess des Wissenstransfers

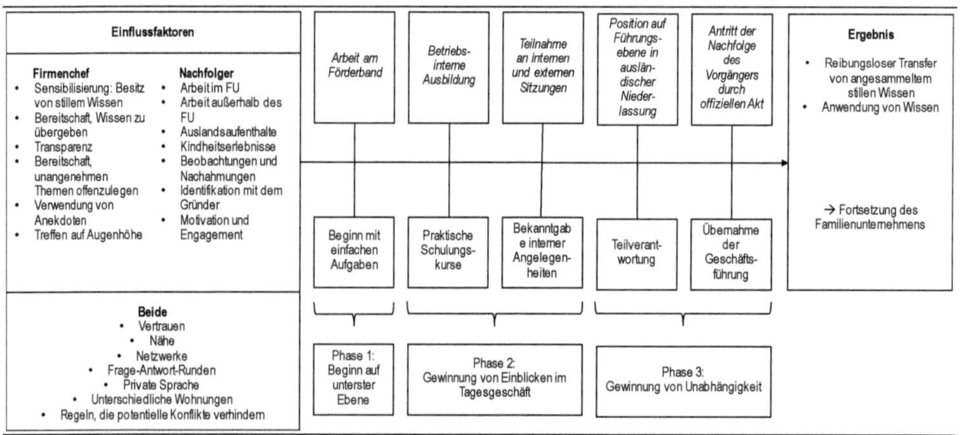

Der Prozess, der auf das jeweilige Unternehmen angepasst werden muss, ist nicht linear, sondern eher eine gegenseitige Wechselbeziehung, an der mindestens zwei Personen beteiligt sind, der Sender und der Empfänger des Wissens.

Literaturverzeichnis

Aldrich, H. E. & Cliff, J. E. (2003). The pervasive effects of family on entrepreneurship: Toward a family embeddedness perspective. Journal of Business Venturing, 18(5): 573-596.

Aletraris, L. (2010). How satisfied are they and why? A study of job satisfaction, job rewards, gender and temporary agency workers in Australia. Human Relations, 63(8): 1129-1155.

Amit, R. & Zott, C. (2001). Value Creation in E-Business. Strategic Management Journal, 22(6-7): 493-520.

Ampenberger, M. (2010). Unternehmenspolitik in börsennotierten Familienunternehmen, 1. Aufl., Wiesbaden: Springer.

Anderson, R. C. & Reeb, D. M. (2003). Founding-family ownership and firm performance: Evidence from the S&P 500. Journal of Finance, 58(3): 1301-1328.

Anderson, R. C. & Reeb, D. M. (2004). Board composition: Balancing family influence in S&P 500 firms, Administrative Science Quarterly, 49(2): 209-237.

Astrachan, J. H. & Shanker, M. C. (2003). Family businesses' contribution to the U.S. economy: A closer look. Family Business Review, 16(3): 211-219.

Azoury, A., Daou, L. & Sleiaty, F. (2013). Employee engagement in family and non-family firms. International Strategic Management Review, 1(1-2): 11-29.

Bammens, Y., Notelaers, G. & Van Gils, A. (2015). Implications of family business employment for employees' innovative work involvement. Family Business Review, 28(2): 123-144.

Barnett, T. & Kellermanns, F. W. (2006). Are we family and are we treated as family?: Non employees´ perception of justice in the family firm. Entrepreneurship Theory and Practice, 30(6): 837-854.

Barney, J. (1991). Firm resources and sustained competitive advantage. Journal of Management, 17(1): 99-120.

Beermann, P. & Leuninger, S. (1998). Factory Outlet – Weiterer Bedeutungsverlust für die Innenstädte? Zeitschrift für Angewandte Geographie, 22(2): 21-26.

Benabou, R. & Tirole, J. (2003). Intrinsic and extrinsic motivation. Review of Economic Studies, 70(3): 489-520.

Bennedsen, M. & Foss, N. (2015). Family assets and liabilities in the innovation process. California Management Review, 58(1): 65-81.

Bergstresser, D. & Philippon, T. (2006). CEO incentives and earnings management. Journal of Financial Economics, 80(3): 511-529.

Bernhard, F. & O'Driscoll, M. P. (2011). Psychological ownership in small family-owned businesses: Leadership style and nonfamily-employees' work attitudes and behaviors. Group & Organization Management, 36(3): 345-384.

Bertrand, M. & Schoar, A. (2006). The role of family in family firms. Journal of Economic Perspectives, 20(2): 73-96.

Block, J. H. (2012). R&D investments in family and founder firms: An agency perspective. Journal of Business Venturing, 27(2): 248-265.

Block, J. H., Millán, J. M., Román, C. & Zhou, H. (2015). Job satisfaction and wages of family employees. Entrepreneurship Theory and Practice, 39(2): 183-207.

Boies, K., Fiset, J. & Gill, H. (2015). Communication and trust are key: Unlocking the relationship between leadership and team performance and creativity. Leadership Quarterly, 26(6): 1080-1094.

Boling, F. W. (1995). Pursuing the factory outlet development. Economic Development Review, 13(2): 89-90.

Breton-Miller, I. L. & Miller, D. (2006). Why do some family businesses out-compete? Governance, long-term orientations, and sustainable capability. Entrepreneurship Theory and Practice, 30(6): 731-746.

Brown, L. V. (2007). Psychology of motivation. NY: Nova Publishers.

Bundesamt, S. (2013). Kosumausgaben. (Retrieved from www.destatis.de/DE/ZahlenFakten/-GesellschaftStaat/EinkommenKonsumLebensbedingungen/Konsumausgaben/Konsumausgaben.html).

Byars, L. & Rue, L. (2006). Human resources management (8th ed.). NY: McGraw-Hill/Irwin.

Cabrera, Á. & Cabrera, E. F. (2002). Knowledge-sharing dilemmas. Organization Studies, 23(5): 687-710.

Carnes, C. M. & Ireland, R. D. (2013). Familiness and innovation: Resource bundling as the missing link. Entrepreneurship Theory and Practice, 37(6): 1399-1419.

Chesbrough, H. (2007). Business model innovation: It's not just about technology anymore. Strategy and Leadership, 35(6): 12-17.

Chesbrough, H. (2010). Business Model Innovation: Opportunities and barriers. Long Range Planning, 43(2): 354-363.

Chesbrough, H. & Rosenbloom, R. S. (2002). The role of the business model in capturing value from innovation: Evidence from Xerox Corporation's technology spin-off companies. Industrial & Corporate Change, 11(3): 529-555.

Chirico, F. & Salvato, C. (2008). Knowledge integration and dynamic organizational adaptation in family firms. Family Business Review, 21(2): 169-181.

Chrisman, J. J., Chua, J. H. & Kellermanns, F. (2009). Priorities, resource stocks, and performance in family and nonfamily firms. Entrepreneurship Theory and Practice, 33(3): 739-760.

Chrisman, J. J., Chua, J. H. & Litz, R. A. (2004). Comparing the agency costs of family and non-family firms: Conceptual issues and exploratory evidence. Entrepreneurship Theory and Practice, 28(4): 335-354.

Chua, J. H., Chrisman, J. J., Steier, L. P. & Rau, S. B. (2012). Sources of heterogeneity in family firms: An introduction. Entrepreneurship Theory and Practice, 36(6): 1103-1113.

Chua, J.H., Chrisman, J.J. & Sharma, P. (1999). Defining the family business by behavior. Entrepreneurship Theory and Practice, 23(4): 19-39.

Chwallek, A. (2015). Handel im Leben der Zukunft. Der Handel, (5): 10-13.

Ciorbagiu-Naon, R. (2010). Modalities of non-financial motivation of employees within organizations. Annals of the University of Petrosani, Economics, 10(4): 41-54.

Corbin, J. M. & Strauss, A. (1990). Grounded theory research: Procedures, canons, and evaluative criteria. Qualitative Sociology, 13(1): 3-21.

Craig, J. B. L. & Moores, K. (2006). A 10-year longitudinal investigation of strategy, systems, and environment on innovation in family firms. Family Business Review, 19(1): 1-10.

Cucculelli, M. & Micucci, G. (2008). Family succession and firm performance: Evidence from Italian family firms. Journal of Corporate Finance, 14(1): 17-31.

Cunningham, J., Seaman, C. & McGuire, D. (2016). Knowledge sharing in small family firms: A leadership perspective. Journal of Family Business Strategy, 7(1): 34-46.

Cyert, R.M. & March, J.G. (1963). A behavioral theory of the firm. Englewood Cliffs, NJ: Prentice-Hall.

Davis, J. H., Schoorman, F. D. & Donaldson, L. (1997). Toward a stewardship theory of management. Academy of Management Review, 22 (1): 20-47.

Deci, E. & Ryan, R. (1985). Intrinsic motivation and self-determination in human behaviour: NY: Plenum Press.

Deci, E. & Ryan, R. M. (2002). Handbook of self-determination research. NY: University of Rochester Press.

Deci, E., Koestner, R. & Ryan, R. M. (1999). A meta-analytic review of experiments examining the effects of extrinsic rewards on intrinsic motivation. Psychological Bulletin, 125(6): 627-668.

Dess, G. G., Ireland, R. D., Zahra, S. A., Floyd, S. W., Janeey, J. J. & Lane, P. J. (2003). Emerging issues in corporate entrepreneurship. Journal of Management, 29(3): 351-378.

Dumdum, U. R., Lowe, K. B. & Avolio, B. J. (2002). A meta-analysis of transformational and transactional leadership correlates of effectiveness and satisfaction: An update and extension. Oxford, UK: Elsevier Science.

Duran, P., Kammerlander, N., Van Essen, M. & Zellweger, T. (2016). Doing more with less: Innovation input and output in family firms. Academy of Management Journal, 59(4): 1224-1264.

Dyer, W. G. (2006). Examining the "family effect" on firm performance. Family Business Review, 19(4): 253-273.

Dzuranin, A. C., Randolph, D. & Stuart, N. V. (2013). Doing More With Less: Using Noncash Incentives to Improve Employee Performance. Journal of Corporate Accounting & Finance, 24(5): 75-80.

ecostra. (2012). Aktuelle Situation und Entwicklungstrends der Factory Outlet Center in Europa. (Retrieved from https://www.ecostra.com/vortraege/neumuenster_vortrag-foc-kongress_2012-11-28.pdf).

Eddleston, K. A. (2008). Commentary: The prequel to family firm culture and stewardship: The leadership perspective of the founder. Entrepreneurship Theory and Practice, 32(6): 1055-1061.

Efferin, S. & Hartono, M. S. (2015). Management control and leadership styles in family business. Journal of Accounting and Organizational Change, 11(1): 130-159.

Eisenberger, R. & Aselage, J. (2008). Incremental effects of reward on experienced performance pressure: positive outcomes for intrinsic interest and creativity. Journal of Organizational Behavior, 30(1): 95-117.

Ellemers, N., De Gilder, D. & Hslam, S. A. (2004). Motivating individuals and groups at work: A social identity perspective on leadership and group performance. Academy of Management Review, 29(3): 459-478.

Engelbrecht, A. S., Heine, G. & Mahembe, B. (2014). The influence of ethical leadership on trust and work engagement: An exploratory study. Journal of Industrial Psychology, 40(1): 1-9.

Euchner, J. & Ganguly, A. (2014). Business model innovation in practice. Research Technology Management, 57(6): 33-39.

Farace, S. & Mazzotta, F. (2011). The causes and the effects of innovation in small and medium firms. Business And Economics: 1-38.

Farrington, S., Venter, E. & Sharp, G. (2014). Extrinsic rewards in family businesses: Perspectives of nonfamily employees. South African Journal of Business Management, 45(3): 67-79.

Felfe, J. & Goihl, K. 2002. Leadership and commitment. Frankfurt: Peter Lang.

Flören, R. 2010. Overview of family-business-relevant issues: Research, networks, policy measures and existing studies. Brussels: European Commission.

Gagné, M. & Deci, E. L. (2005). Self-determination theory and work motivation. Journal of Organizational Behavior, 26(4): 331-362.

Garud, R., Tuertscher, P. & Van de Ven, A. H. (2013). Perspectives on innovation processes. The Academy of Management Annals, 7(1): 775-819.

Gerth, S. (2015). Händler sollen auf die Straße gehen und demonstrieren. Der Handel, (10): 18-19.

Gibbs, M., Neckermann, S. & Siemroth, C. (2014). A field experiment in motivating employee ideas. SSRN Electronic Journal. Tinbergen Institute.

Glenn M. McEvoy. (1984). Small Business Personnel Practices. Journal of Small Business Management, 22(4), 1-8.

GmbH, G. f. M.-u. A. (2015). Factory Outlet Center in Deutschland und Österreich. (Retrieved from http://www.gma.biz/publikationen/).

Gomez-Mejia, L. R., Cruz, C., Berrone, P. & De Castro, J. (2011). The bind that ties: Socioemotional wealth preservation in family firms. Academy of Management Annals, 5(1): 653-707.

Gómez-Mejía, L. R., Haynes, K. T., Núñez-Nickel, M., Jacobson, K. J. L. & Moyano- Fuentes, J. (2007). Socioemotional wealth and business risks in family-controlled firms: Evidence from Spanish olive oil mills. Administrative Science Quarterly, 52(1): 106-137.

Gomez-Mejia, L. R., Makri, M. & Kintana, M. L. (2010). Diversification decisions in family-controlled firms. Journal of Management Studies, 47(2): 223-252.

Gorlin, H. (1981). Personnel practices I: Recruitment, placement, training, communication. Conference Board.

Gottschalk, S., Doherr, T., Eckert, T., Licht, G. & Niefert, M. (2011). Die volkswirtschaftliche Bedeutung der Familienunternehmen 2011. Stiftung Familienunternehmen.

Guzzo, R. & Abbott, S. (1990). Family firms as utopian organizations. Family Business Review, 3 (1): 23-33.

Habbershon, T. G. & Pistrui, J. (2002). Enterprising families domain: Family-influenced ownership groups in pursuit of transgenerational wealth. Family Business Review, 15(3): 223-237.

Hambrick, D. C. & Fukutomi, G. D. (1991). The seasons of a CEO's tenure. Academy of Management Review, 16(4): 719-742.

Hargadon, A. (2015). How to discover and assess opportunities for business model innovation. Strategy and Leadership, 43(6): 33-37.

Hatak, I., Kautonen, T., Fink, M. & Kansikas, J. (2016). Innovativeness and family-firm performance: The moderating effect of family commitment. Technological Forecasting and Social Change, 102(1): 120-131.

Hauck, J. & Prügl, R. 2015. Innovation activities during intra-family leadership succession in family firms: An empirical study from a socioemotional wealth perspective. Journal of Family Business Strategy, 6(2): 104-118.

Haunschild, L. & Wolter, H.-J. (2010). Volkswirtschaftliche Bedeutung von Familien- und Frauenunternehmen: IfM-Materialien, Institut für Mittelstandsforschung (IfM) Bonn.

Heinritz, G. & Rauh, J. (2000). Gutachterliche Stellungnahmen über Factory Outlet Center. Raumforschung und Raumordnung, 58(1): 47-54.

Hirmer, A.-L. (2015). Markenwahrnehmung von Familienunternehmen als Wettbewerbsvorteil. In Familienunternehmen als Kategorienmarke. Wiesbaden: Springer Fachmedien Wiesbaden.

Hsiu-Fen, L. (2007). Effects of extrinsic and intrinsic motivation on employee knowledge sharing intentions. Journal of Information Science: 1-16.

Huang, M., Li, P., Meschke, F. & Guthrie, J. P. (2015). Family firms, employee satisfaction, and corporate performance. Journal of Corporate Finance, 34(1): 108-127.

Humphers, L. (2014). Outlet development: A global snapshot. International Outlet Journal, 10(3): 4-9.

Humphers, L. (2016). Stable stays the course with Factory Outlet Centers in Germany. International Outlet Journal, 12(1): 12-13.

Jeffrey, S. A. & Shaffer, V. (2007). The motivational properties of tangible incentives. Compensation and Benefits Review, 39(3): 44.

Johansson-Sköldberg, U., Woodilla, J. & çetinkaya, M. (2013). Design thinking: Past, present and possible futures. Creativity and Innovation Management, 22(2): 121-146.

Johnson, M. W., Christensen, C. M. & Kagermann, H. (2008). Reinventing your business model. Harvard Business Review, 86(12): 50-59.

Jong, J. P. de & Den Hartog, D. N. (2007). How leaders influence employees' innovative behaviour. European Journal of Innovation Management, 10(1): 41-64.

Kellermanns, F. W. & Eddleston, K. A. (2007). A family perspective on when conflict benefits family firm performance. Journal of Business Research, 60(10): 1048-1057.

Knight, V. & Kleiner, B. (2015). Excellence in incentive programs. Journal of International Diversity, (4): 24-34.

Knüttel, B. (1999). Factory Outlet Center als Innovation im Handel: Entwicklungen, Erfahrungen, Perspektiven. Diplomica Verlag.

König, A., Kammerlander, N. & Enders, A. (2013). The family innovator's dilemma: How family influence affects the adoption of discontinuous technologies by incumbent firms. Academy of Management Review, 38(3): 418-441.

Koudelková, P. & Milichovský, F. (2015). Employee innovation by motivation. Business Theory and Practice, 16(3): 223-230.

Koudelková, P. & Milichovský, F. (2015). Employee innovation by motivation. Verslas: Teorija ir Praktika, 16(3): 223-230.

Kramer, S. (2011). Germany: Elusive jewel in the outlet crown. International Outlet Journal, 7(3): 14-16.

Kraus, S., Götzen, T., Filser, M. & Harms, R. 2011. Family firms - on the state-of-the-art of business research. Betriebswirtschaftliche Forschung und Praxis, 63(6).

Kraus, S., Pohjola, M. & Koponen, A. (2012). Innovation in family firms: An empirical analysis linking organizational and managerial innovation to corporate success. Review of Managerial Science, 6(3): 265-286.

Lahnstein, P. (2015). Pressemitteilung. (Retrieved from http://www.fashionoutletmontabaur.de).

Laubach, J. (2015). Factory Outlet Center erfolgreich gegen Wertheim Village. Nassauische Neue Presse.

Lausberg, I. C. (2002). Kundenpräferenzen für neue Angebotsformen im Einzelhandel: eine Analyse am Beispiel von Factory Outlet Centern. Essen. (Retrieved from http://search.ebscohost.com/login.aspx?direct=true&db=edszbw&AN=EDSZBW356816303&site=eds-live).

Le Breton-Miller, I. & Miller, D. (2015). The arts and family business: linking family business resources and performance to industry characteristics. Entrepreneurship Theory and Practice, 39(6): 1349-1370.

Le Breton-Miller, I., Miller, D. & Steier, L. P. (2004). Toward an integrative model of effective FOB succession. Entrepreneurship Theory and Practice, 28(4): 305-328.

Leenders, M. & Waarts, E. (2003). Competitiveness and evolution of family businesses. European Management Journal, 21(6): 686-697.

Magretta, J. (2002). Why business models matter. Harvard Business Review, 80(5), 86-92.

Mahdi, A. F., Zin, M. Z. M., Nor, M. R. M., Sakat, A. A. & Naim, A. S. A. (2012). The relationship between job satisfaction and turnover intention. American Journal of Applied Sciences, 9(9): 1518.

Marin, I. (2012). Increase employee motivation in romanian SME's. Review of International Comparative Management, 13(5): 804-811.

Massis, A. D., Chua, J. H. & Chrisman, J. J. (2008). Factors preventing intra-family succession. Family Business Review, 21(2): 183-199.

Matzler, K., Veider, V., Hautz, J. & Stadler, C. (2015). The impact of family ownership, management, and governance on innovation. Journal of Product Innovation Management, 32(2): 319-333.

May, P. & Lehmann-Tolkmitt, A. (2006). Good Governance - Familienunternehmen zwischen Wert- und Werte-Orientierung. In: Praxishandbuch des Mittelstands: Leitfaden für das Management mittelständischer Unternehmen, Gabler.

Mazzei, M. J., Flynn, C. B. & Haynie, J. J. (2016). Moving beyond initial success: Promoting innovation in small businesses through high-performance work practices. Business Horizons, 59(1), 51-60.

McEvoy, G. M. (1984). Small business personnel practices. Journal of Small Business Management, 22(4), 1-8.

Memili, E. & Welsh, D. H. (2012). Towards a theory of nonfamily employees' organizational identification and attachment in family firms. Journal of Technology Management in China, 7(3): 255-269.

Mey, G. & Mruck, K. (2007). Grounded Theory Methodologie - Bemerkungen zu einem prominenten Forschungsstil. Historische Sozialforschung. Supplement, 11-39.

Mey, G., Vock, R. & Ruppel, S. P. (2016). Gounded-Theory-Methodologie. (Retrieved from https://studi-lektor.de/tipps/qualitative-forschung/grounded-theory.html).

Miller, D. & Breton-Miller, L. 2006. Family governance and firm performance: Agency, stewardship, and capabilities. Family Business Review, 19(1): 73-87.

Miller, D., Le Breton-Miller, I. & Lester, R. H. (2011). Family and lone founder ownership and strategic behaviour: Social context, identity, and institutional logics. Journal of Management Studies, 48(1): 1-25.

Miller, D., Le Breton-Miller, I., Lester, R. H. & Cannella, J. A. A. (2007). Are family firms really superior performers? Journal of Corporate Finance, 13(5): 829-858.

Miller, D., Steier, L. & Le Breton-Miller, I. (2003). Lost in time: Intergenerational succession, change, and failure in family business. Journal of Business Venturing, 18(4): 513-531.

Miller, D., Wright, M., Le Breton-Miller, I. & Scholes, L. (2015). Resources and innovation in family businesses: The janus-face of socioemotional preferences. California Management Review, 58(1): 20-40.

Miller, D., Wright, M., Le Breton-Miller, I. & Scholes, L. (2015). Resources and innovation in family businesses: The janus-face of socioemotional preferences. California Management Review, 58(1): 20-40.

Minichilli, A., Brogi, M. & Calabrò, A. (2015). Weathering the storm: Family ownership, governance, and performance through the financial and economic crisis, Corporate Governance: An International Review. Oxford, UK: Blackwell Publishing Ltd.

Mishra, C. S. & McConaughy, D. L. (1999). Founding family control and capital structure: The risk of loss of control and the aversion to debt. Entrepreneurship Theory and Practice, 23(4), 53-64.

Ndubisi, N. O. & Ndubisi, G. C. (2013). Sustainable internal marketing and internal customer motivation model: An african small- and medium-sized enterprise perspective. Journal of Asian and African Studies, 48(4): 521-538.

Netzhammer, J. (2015). Mitarbeitermotivation zu Innovationen in Familienunternehmen. Bachelorarbeit.

Nieto, M. J., Santamaria, L. & Fernandez, Z. (2015). Understanding the innovation behavior of family firms. Journal of Small Business Management, 53(2): 382-399.

Nohira, N., Groysberg, B. & Lee, L.-E. (2008). Employee motivation: A powerful new model. Harvard Business Review, 86(7/8): 78-84.

Nowicki, J. & Probe, A. (2013). Fokus Factory Outlet Center. Textilwirtschaft, (47): 18-18.

Nowicki, J. (2010). Im Reich der Reste. Textilwirtschaft, (11): 38-40.

Nowicki, J. (2015a). Factory Outlet Center: Kartellamt beschränkt Radiusklauseln. Textilwirtschaft.

Nowicki, J. (2015b). Letzte Hoffnung: Outlet-Center. Textilwirtschaft, (40): 17-17.

Nowicki, J. & Crescenti, M. (2016). Alle für eine. Textilwirtschaft, (11): 16-19.

Osterwalder, A. & Pigneur, Y. (2009). Business model generation. A handbook for visionaries, game changers, and challengers. Chichester u.a. Wiley.

Padilla-Meléndez, A., Dieguez-Soto, J. & Garrido-Moreno, A. (2015). Empirical research on innovation in family business: Literature review and proposal of an integrative framework. Review of Business Management, 17(56): 1064-1089.

Park, S. H., Kim, J.-N. & Krishna, A. (2014). Bottom-up building of an innovative organization: motivating employee intrapreneurship and scouting and their strategic value. Management Communication Quarterly, 28(4): 531-560.

Patel, P. C. & Conklin, B. (2012). Perceived labor productivity in small firms-the effects of high-performance work systems and group culture through employee retention. Entrepreneurship Theory and Practice, 36(2): 205-235.

Perry-Smith, J. E. (2006). Social yet creative: The role of social relationships in facilitating individual creativity. Academy of Management Journal, 49(1): 85-101.

Pfeffer & Salancik. (1978). The external control of organisations: A resource dependence perspective. NY: Standford University Press.

Pinder, C. (1998). Work motivation in organizational behavior. NY: Psychology Press.

Porta, R., Lopez-de-Silanes, F. & Shleifer, A. (1999). Corporate ownership around the world. Journal of Finance, 54(2): 471-517.

Porter, M. E. (1990). The competitive advantage of notions. Harvard Business Review, 68(2): 73-93.

Porter, M. E. (1992). Wettbewerbsvorteile - Spitzenleistungen erreichen und behaupten. Frankfurt am Main: Campus Verlag.

Pounder, P. (2015). Family business insights: An overview of the literature. Journal of Family Business Management, 5(1): 116-127.

Poutziouris, P., Smyrnios, K. X. & Klein, S. B. (2006). The business of researching family enterprises. In P. S. Poutziouris, K.X. & Klein, S.B. (Hrsg.), Handbook of research on family business, MA: Edward Elgar.

Raban, D. R. (2008). The incentive structure in an online information market. Journal of the American Society for Information Science and Technology, 59(14): 2284-2295.

Rafiq, M., Javed, M., Khan, M. & Ahmed, M. (2012). Effect of rewards on job satisfaction evidence from Pakistan. Interdisciplinary Journal of Contemporary Research in Business, 4(1): 337-347.

Ramos, H. M., Man, T. W. Y., Mustafa, M. & Ng, Z. Z. (2014). Psychological ownership in small family firms: Family and non-family employees' work attitudes and behaviours. Journal of Family Business Strategy, 5(3): 300-311.

Reid, R. S. & Adams, J. S. (2001). Human resource management - A survey of practices within family and non-family firms. Journal of European Industrial Training, 25(6): 310-320.

Robbins, S. P. & Judge, T. A. (2015). Organizational Behavior (16th ed.): Pearson Education Unlimited.

Sanchez-Famoso, V., Maseda, A. & Iturralde, T. (2014). The role of internal social capital in organisational innovation. An empirical study of family firms. European Management Journal, 32(6): 950-962.

Sarasvathy, S. D. (2001). Causation and Effectuation: Toward a Theoretical Shift from Economic Inevitability to Entrepreneurial Contingency. The Academy of Management Review, 26(2): 243-263.

Schulz, M. & Ruddat, M. (2012). "Let's talk about sex!" Über die Eignung von Telefoninterviews in der qualitativen Sozialforschung. Qualitative Social Research, 13(3), 1-19.

Schwartz, B. (1990). The creation and destruction of value. American Psychologist, 45(1): 7-15.

Sergeeva, N. (2014). Employees and the innovative idea contribution process: Clarifying individual and contextual characteristics. International Journal of Innovation Management, 18(5): 1-32.

Sergeeve, N. (2014). Employees and the innovative idea contribution process: Clarifying individual and contextual characteristics. International Journal of Innovation Management, 18(05): 1-32.

Shanker, M. C. & Astrachan, J. H. (1996). Myths and realities: Family businesses' contribution to the us economy - a framework for assessing family business statistics. Family Business Review, 9(2): 107-123.

Sharma, P. & Manikutty, S. (2005). Strategic divestments in family firms: Role of family structure and community culture. Entrepreneurship Theory and Practice, 29(3): 293-311.

Sharma, P., Chrisman, J. J. & Chua, J. H. (1997). Strategic management of the family business: Past research and future challenges. Family Business Review. 10(1): 1-35.

Sieger, P., Bernhard, F. & Frey, U. (2011). Affective commitment and job satisfaction among non-family employees: Investigating the roles of justice perceptions and psychological ownership. Journal of Family Business Strategy, 2(2): 78-89.

Sola, D., Quaglia, R., Couturier, J. & Pinto, A. L. (2012). Familiness vs. family ownership and control: What is the impact on the performance of a firm? Evidence from the field. International Journal of Management Practice, 5(4): 326-342.

Sorenson, R. L. (2000). The Contribution of leadership style and practices to family and business success. Family Business Review, 13(3): 183-200.

Statista.com. (2016). Anzahl der Outlet-Center in Europa nach Ländern im Jahr 2015.

Strauss & Corbin, J. (1996). Grounded theory: Grundlagen qualitativer Sozialforschung: Beltz, Psychologie-Verlag-Union.

Teece, D. J. (2010). Business models, business strategy and innovation: Business models, business strategy and innovation. Long Range Planning, 43(2-3): 172-194.

Tran, T. & Jones, J. A. (2008). A conceptual model of learning culture and innovation schema. Competitiveness Review,18: 287-299.

Tremblay, M. A., Blanchard, C. M., Taylor, S., Pelletier, L. G. & Villeneuve, M. (2009). Work extrinsic and intrinsic motivation scale: its value for organizational psychology research. Canadian Journal of Behavioural Science, 41(4), 213-226.

Vallejo, M. C. (2009a). An alytical model of leadership in family firms under transformational theoretical approach: An exploratory study. Family Business Review, 22(2): 136-150.

Vallejo, M. C. (2009b). The effects of commitment of non-family employees of family firms from the perspective of stewardship theory. Journal of Business Ethics, 87(3): 379-390.

Villalonga, B. & Amit, R. (2009). How are US family firms controlled?. Review of Financial Studies, 22(8): 3047-3091.

Will, J. (2012). Factory Outlet Center in Deutschland und Europa. In: Handbuch Handel. Wiesbaden: Springer Fachmedien Wiesbaden.

Wolf, S. (2013). Factory Outlet Center streiten um Radiusklausel, (33): 34-34.

Woywode, M. & Tänzler, J. (2012). Corporate Governance in geschlossenen Gesellschaften - insbesondere in Familienunternehmen - unter besonderer Berücksichtigung von Aufsichtsgremien. Zeitschrift für Unternehmens- und Gesellschaftsrecht, 41(2/3): 418-445.

Wziątek-Staśko, A. (2010). Managing personnel motivation as a way to sustain development of small and medium enterprises sector in Poland. Human Resources, (3): 350-354.

Yoon, H. J., Sung, S. Y. & Choi, J. N. (2015). Mechanisms underlying creative performance: employee perceptions of intrinsic and extrinsic rewards for creativity. Social Behavior and Personality, 43(7): 1161-1179.

Yoon, H. J., Sung, S. Y. & Choi, J. N. (2015). Mechanisms underlying creative performance: employee perceptions of intrinsic and extrinsic rewards for creativity. Social Behavior and Personality, 43(7): 1161-1179.

Zahra, S. A. (2005). Entrepreneurial risk taking in family firms. Family Business Review, 18(1): 23-40.

Zahra, S. A., Hayton, J. C. & Salvato, C. (2004). Entrepreneurship in family vs. non-family firms: A resource-based analysis of the effect of organisational culture. Entrepreneurship Theory and Practice, 28(4): 363-381

ifb@WHU

ifb@WHU

Institut für Familienunternehmen der WHU

Das Institut für Familienunternehmen der WHU (ifb@WHU) versteht sich als Impulsgeber und Vordenker rund um das Themenfeld „Familienunternehmen".

Mit einem 15-köpfigen Team aus Wissenschaft und Praxis beleuchten wir Familienunternehmen aus den unterschiedlichsten Perspektiven. Unsere aktuellsten Forschungsprojekte untersuchen beispielsweise Innovation, Führung, Nachfolge und Finanzierungsaspekte in Familienunternehmen sowie Family Offices.

Doch neue Erkenntnisse zu generieren reicht uns nicht. Wir wollen diese Erkenntnisse im Austausch mit der Praxis diskutieren, weitergeben und erweitern. Dies gelingt am besten durch einen kontinuierlichen Dialog mit erfahrenen Unternehmern und Führungskräften. Unser Ziel ist es, durch unsere Forschung einen Beitrag dazu zu leisten, Unternehmungen besser zu machen.

Sind Sie interessiert an Neuigkeiten und Forschungseinblicken des ifb@WHU? Dann folgen Sie uns auf unserer Facebook-Seite *Institut für Familienunternehmen der WHU - ifb* (http://www.facebook.com/familienunternehmensinstitut/).